AF283864

Proyecto de Desarrollo BI: análisis y explotación de datos

Yolanda López Benítez

Proyecto de Desarrollo BI: análisis y explotación de datos
© Yolanda López Benítez

1ª Edición

© IC Editorial, 2025

Editado por: IC Editorial
c/ Cueva de Viera, 2, Local 3
Centro Negocios CADI
29200 Antequera (Málaga)
Teléfono: 952 70 60 04
Fax: 952 84 55 03
Correo electrónico: iceditorial@iceditorial.com
Internet: www.iceditorial.com

ISBN: 979-13-7027-017-9
Depósito Legal: MA 1277-2025

Impresión: PODiPrint
Impreso en Andalucía – España

Nota de la editorial: IC Editorial pertenece a Innovación y Cualificación S. L.

Índice

OBJETIVOS GENERALES

Los objetivos generales de **Proyecto de Desarrollo BI: análisis y explotación de datos,** son:

- Crear informes y explotar datos utilizando el concepto *Business Intelligence* bajo cobertura 5G.
- Manejar datos de forma efectiva haciendo uso de la inteligencia de negocios bajo cobertura 5G.

Diseño de proyectos de desarrollo de *Business Intelligence*

Contenido

Objetivos

El objetivo general de esta Unidad de Aprendizaje es:

→ Manejar datos de forma efectiva haciendo uso de la inteligencia de negocios bajo cobertura 5G.

Los objetivos específicos de esta Unidad de Aprendizaje son:

→ Dominar el proceso de instalación de Pentaho, asegurando una implementación eficiente y sin contratiempos, como parte fundamental para la creación y explotación de datos mediante *Business Intelligence* bajo cobertura 5G.

→ Desarrollar habilidades avanzadas en el uso responsable de la herramienta Pentaho para la implementación de soluciones basadas en la minería de datos, permitiendo la extracción de información valiosa para la toma de decisiones estratégicas en el ámbito empresarial.

→ Adquirir conocimiento de la arquitectura Ctools en la creación de paneles en Pentaho garantizando la capacidad de diseñar interfaces visuales efectivas que faciliten la interpretación y el análisis de los datos recopilados.

→ Personalizar informes interactivos en Pentaho utilizando las posibilidades de personalización proporcionadas por la herramienta, para crear así visualizaciones adaptadas a las necesidades específicas de la empresa y maximizar la comprensión de datos.

→ Mantenerse actualizado con los avances y actualizaciones en los lenguajes de desarrollo relacionados con *Business Intelligence* asegurando la capacidad de adaptarse de manera efectiva a un entorno cambiante y aprovechar las nuevas funcionalidades para mejorar continuamente los procesos de informes y análisis de datos.

1. Introducción

El desarrollo de ciertas habilidades es clave para implementar *Business Intelligence* en cualquier proyecto bajo la cobertura 5G. Estas destrezas capacitan a las personas a crear informes y a explotar datos, utilizando el concepto de la inteligencia de negocios. Para ello, es fundamental contar con el enfoque específico que aporta la herramienta Pentaho.

A lo largo de la unidad, guiados por un grupo de amigos enfocados a adquirir estas importantes habilidades, nos sumergiremos en diversos aspectos esenciales, desde la instalación de Pentaho, hasta la creación de paneles y la personalización de los informes interactivos. El objetivo es adquirir conocimientos sólidos y prácticos que permitan contribuir significativamente a la toma de decisiones estratégicas en un entorno empresarial dinámico en continuo cambio.

Además, con estos conocimientos será posible mantenerse actualizados con las últimas tendencias de los lenguajes de desarrollo relevantes y la optimización de procesos de *business intelligence*. Esto es fundamental para adaptar los negocios a los cambios exigidos por los nuevos paradigmas empresariales.

A través de la combinación de conceptos teóricos y prácticos, esta unidad proporcionará las herramientas necesarias para abordar los retos del análisis de datos en un contexto 5G, impulsando así el desarrollo de habilidades esenciales en el ámbito de la inteligencia empresarial.

Para facilitar la adquisición de conocimientos sobre la temática tratada, nos basarems en la experiencia del equipo de trabajo formado por un grupo de amigos que están poniendo en marcha su propio proyecto de emprendimiento. Ahora, estos jóvenes están poniendo el foco en averiguar los beneficios de implementar un proyecto de desarrollo BI para el análisis y explotación de datos.

2. Concepto de *Business Intelligence*. Análisis y explotación de datos

☞ **HILO CONDUCTOR**

Después de explorar exitosamente el mundo de la programación y de la seguridad de la información, Marta, Carlos, Ana y Luis se sumergieron en el campo del *Business Intelligence* (BI). Comprendieron que la inteligencia empresarial trata de transformar datos en información significativa para la toma de decisiones empresariales. Emocionados por las posibilidades que ofrecía, el equipo comenzó a investigar cómo podrían aplicar estas técnicas para potenciar su proyecto de realidad virtual. Con Eclipse como su herramienta de confianza estaban listos para integrar conceptos de BI y llevar su aplicación al siguiente nivel.

Se denomina **Business Intelligence (BI),** o **inteligencia de negocios** o **inteligencia empresarial,** al conjunto de procesos, tecnologías y herramientas que transforman datos brutos en información significativa, facilitando así la toma de decisiones estratégicas en una organización.

El término de Business Intelligence fue proporcionado por Hans Peter Luhn (1958), un investigador de IBM, que utilizó el concepto por primera vez en un artículo publicado en el año 1958. Luhn definió la inteligencia de negocios como el uso de tecnologías y procesos para mejorar la toma de decisiones empresariales.

IMPORTANTE

El objetivo principal de BI es convertir los datos en conocimiento para mejorar la eficiencia operativa, identificar oportunidades de mercado, optimizar procesos y anticipar tendencias.

En el complejo ecosistema empresarial actual, la cantidad de datos generados es colosal y la capacidad de convertir esta ingente cantidad de información en conocimiento valioso se ha vuelto esencial. Aquí es donde entra en juego el concepto de *Business Intelligence* (BI), una disciplina que va más allá de la simple gestión de datos, pues los transforma en una herramienta estratégica para la toma de decisiones empresariales correctamente informadas.

Todos los procesos, tecnologías y herramientas que engloba el concepto *Business Intelligence*, están enfocados para convertir los datos brutos en información significativa. Esta información es vital para tomar decisiones estratégicas dentro de cualquier ámbito organizativo.

IMPORTANTE

En esencia, BI busca proporcionar una visión clara y procesable de los datos, permitiendo a las empresas comprender patrones, identificar oportunidades y anticiparse a desafíos.

2.1. La transformación de datos en decisiones estratégicas

En un mundo empresarial dinámico, donde las reglas de juego cambian rápidamente, la capacidad de tomar decisiones basadas en información disponible en tiempo real es un aspecto crítico. BI no solo mejora la eficiencia operativa, sino que también proporciona a las empresas una **ventaja competitiva** al adaptarse velozmente a las cambiantes condiciones del mercado.

A continuación serán desarrolladas cada una de estas ventajas:

Optimización de procesos
La recopilación y procesamiento de los datos permite identificar áreas de mejora y optimizar los procesos operativos.

Toma de decisiones informadas
Implementar las herramientas analíticas y los procesos de BI proporciona la capacidad de tomar decisiones más informadas basadas en datos sólidos.

Eficiencia en la implementación de soluciones
BI facilita la implementación eficiente de soluciones, maximizando el retorno de inversión y reduciendo contratiempos.

Adaptabilidad a la innovación
En un entorno empresarial en constante cambio, BI permite la adaptación rápida a las nuevas tecnologías y tendencias, como la integración de la tecnología 5G.

Generación de valor empresarial
BI se convierte en una herramienta estratégica para generar valor en la empresa, no solo proporcionando datos, sino transformándolos en activos estratégicos.

 **APLICACIÓN PRÁCTICA**

Responde a las siguientes preguntas.

a. **¿Qué permite identificar áreas de mejora para que los procesos operativos sean mejores?**

b. **¿En qué se traduce la transformación de datos en información de valor?**

c. **¿Qué hay que conseguir para maximizar el retorno de inversión y reducir contratiempos?**

Continúa en página siguiente >>

<< Viene de página anterior

Solución

BI permite identificar áreas de mejora y optimizar los procesos operativos. También proporciona la capacidad de tomar decisiones debidamente informadas basadas en datos sólidos y veraces. Igualmente, BI facilita la implementación eficiente de soluciones, maximizando el retorno de inversión y pudiendo reducir así los temidos contratiempos.

Seguidamente, se presentan distintos ejemplos que serán muy útiles para entender mejor cómo la inteligencia empresarial impulsa la competitividad empresarial:

1. **Ejemplo de optimización de procesos con BI.** Una cadena de suministro utiliza *Business Intelligence* para recopilar y analizar datos relacionados con los tiempos de entrega de proveedores. Mediante la identificación de patrones en estos datos, la empresa puede optimizar sus procesos operativos, identificando cuáles son los proveedores más eficientes. Con ello, la organización también mejora significativamente la gestión de inventario reduciendo tiempos de espera y costes logísticos.

2. **Ejemplo de toma de decisiones en base a información en tiempo real con BI.** Pensemos en un comercio electrónico que utiliza *Business Intelligence* para analizar el comportamiento de cada usuario que visita su sitio web. Al implementar herramientas analíticas, este negocio puede tomar decisiones basadas en información de valor sobre la ubicación y presentación de productos, estrategias de precios y campañas promocionales. De esta manera, la toma de decisiones se sustenta en datos sólidos sobre las preferencias y los comportamientos de los clientes, en lugar de basarse en suposiciones o intuiciones.

3. **Ejemplo de eficiencia en la implementación de soluciones con BI.** Vamos a imaginar que una empresa está implementando un sistema de gestión de clientes utilizando herramientas de *Business Intelligence*. Con un enfoque bien diseñado, BI facilita una correcta implementación del sistema al permitir una integración fluida con las fuentes de datos existentes. Esto consigue maximizar el retorno de inversión al minimizar el tiempo de implementación y reducir los problemas de compatibilidad.

4. **Ejemplo de adaptabilidad a la innovación con BI.** En un mundo empresarial en constante cambio, una empresa de telecomunicaciones utiliza *Business Intelligence* para monitorear las tendencias del mercado y anticiparse a las demandas de los clientes. La adaptabilidad a la innovación se materializa cuando esta organización, mediante BI, detecta la creciente adopción de tecnología 5G. Esto les permite ajustar rápidamente

sus estrategias comerciales para capitalizar la nueva tecnología, ya sea ofreciendo servicios compatibles con 5G o adaptando su infraestructura para soportar esta tecnología emergente.

5. **Ejemplo de generación de valor empresarial con BI.** Consideremos una empresa de servicios financieros que utiliza *Business Intelligence* para analizar tanto el rendimiento de sus productos como la satisfacción de su clientela. Al transformar los datos en información estratégica, la empresa puede generar valor personalizando ofertas según las necesidades específicas de cada cliente, mejorar la experiencia del usuario y, en última instancia, aumentar la retención de clientes, además de incrementar los ingresos. En este caso, BI no solo proporciona datos, sino que es capaz de convertirlos en activos estratégicos que impulsan el crecimiento y la sostenibilidad de la empresa a largo plazo.

2.2. Funcionamiento de la inteligencia de negocios

Descubrir el funcionamiento de BI, es como tener la llave que permite desbloquear el potencial oculto en los datos que gestiona una organización.

La inteligencia de negocios es una herramienta estratégica que capacita a las empresas para navegar por el inmenso océano de información y convertirlo en un faro que ilumina el camino hacia decisiones empresariales más inteligentes y exitosas.

Aunque BI es un concepto complejo, es posible describir su funcionamiento de forma sencilla a través de los siguientes componentes:

Recopilación de datos
BI comienza con la recopilación de datos procedentes de diversas fuentes, internas y externas. Estos datos pueden abarcar desde transacciones comerciales hasta interacciones en redes sociales.

Procesamiento de datos (ETL)
Los datos recopilados pasan por un proceso de extracción, transformación y carga (ETL), donde se limpian y transforman para garantizar su calidad y coherencia.

Almacenamiento de datos
Los datos procesados se almacenan en un almacén centralizado, como un *Data Warehouse*, para facilitar el acceso y el análisis.

Análisis y consultas
Algunas herramientas analíticas permiten explorar y consultar datos, descubriendo patrones, tendencias y relaciones.

Generación de informes y *dashboards*
La información se presenta de manera visual y comprensible a través de informes y *dashboards* interactivos, proporcionando una visión rápida de las métricas clave.

2.3. Visualización de datos en plataforma de datos

Una **plataforma de datos** es un conjunto integral de tecnologías, herramientas y procesos que permite la gestión, la integración, el procesamiento y el análisis eficiente de datos dentro de una organización.

La plataforma de datos se concibe como un entorno unificado que aborda diversas necesidades relacionadas con la gestión y explotación de datos en diferentes niveles, desde la recopilación hasta la presentación de información valiosa para la toma de decisiones.

Una plataforma de datos emerge como la columna vertebral de un sistema de gestión empresarial que facilita este servicio al proporcionar un conjunto integral de tecnologías y herramientas. Al explorar los datos que pueden visualizarse en la plataforma de datos, es posible adentrarse a un universo diverso que abarca desde información estructurada hasta datos en tiempo real. A continuación se ofrecen detalles de cómo es esta clasificación de datos:

Datos estructurados
- Información organizada en tablas con un formato predefinido.
- La visualización de datos estructurados permite una comprensión clara de patrones y tendencias, facilitando así análisis detallados.

Datos no estructurados
- Información sin formato predefinido, como documentos de texto o multimedia.
- La plataforma transforma datos no estructurados en visualizaciones significativas, desbloqueando valiosa información contenida dentro de los textos, imágenes o incluso vídeos.

Continúa en página siguiente >>

<< Viene de página anterior

Datos semiestructurados
- Datos que tienen cierta estructura, pero no en su totalidad, como documentos XML o JSON.
- La visualización coherente de datos semiestructurados permite una interpretación más profunda y efectiva de la información contenida en estos formatos flexibles.

Datos en tiempo real
- Datos que se generan y actualizan de forma instantánea en tiempo real.
- La visualización de datos en tiempo real proporciona paneles dinámicos y alertas. Esto permite a las organizaciones tomar decisiones ágiles basadas en información actualizada al momento.

Datos de series temporales
- Información que evoluciona a lo largo del tiempo, como datos financieros o métricas de rendimiento.
- Los gráficos temporales y los análisis históricos facilitan la identificación de patrones a lo largo del tiempo, respaldando la planificación estratégica de una organización.

Datos geoespaciales
- Datos vinculados a ubicaciones geográficas.
- La visualización geoespacial ofrece mapas interactivos que ayudan a entender patrones relacionados con la ubicación. Esto permite beneficiar a sectores como logística o *marketing* localizado.

La clasificación de tipos de datos demuestra la versatilidad de una plataforma de datos al abordar una amplia gama de información recogida por distintas fuentes y almacenada en formatos diferentes. Desde los más estructurados hasta aquellos que evolucionan en tiempo real o están vinculados a ubicaciones geográficas. La capacidad de visualizar y comprender esta diversidad de información se convierte en un activo de gran valor para las organizaciones que buscan tomar decisiones estratégicas y adaptarse rápidamente al mercado en constante cambio.

 **EJEMPLO**

Una cadena de tiendas minoristas que busca optimizar su estrategia de inventario y mejorar la experiencia del cliente ve necesario utilizar una plataforma de datos para extraer información de valor de multitud de datos que gestiona: estructurados, no estructurados, semiestructurados, datos en tiempo real y datos geoespaciales.

Estructurados

Información de ventas diarias y niveles de inventario almacenados en una base de datos relacional.

- Visualizando estos datos, la plataforma ayuda a identificar patrones de demanda y optimizar la gestión de inventario para evitar escasez o excedentes.

No estructurados

Comentarios de clientes en redes sociales, correos electrónicos y encuestas en línea.

- La plataforma procesa y analiza estos datos no estructurados proporcionando una visión profunda de la satisfacción del cliente y permitiendo la adaptación rápida a sus necesidades.

Semiestructurados

Información de proveedores en formato XML que incluye detalles de productos y fechas de entrega.

- La plataforma interpreta estos datos semiestructurados para mejorar la eficiencia en la cadena de suministro, identificando oportunidades de mejora y reduciendo posibles retrasos.

En tiempo real

Actualizaciones en tiempo real de las transacciones en todas las tiendas.

- La visualización en tiempo real permite a la cadena de tiendas ajustar estrategias de *marketing*, gestionar la disponibilidad de productos y responder rápidamente a cambios en la demanda.

Continúa en página siguiente >>

<< Viene de página anterior

De series temporales

Histórico de ventas mensuales y estacionales.

- Analizar datos de series temporales ayuda a anticipar patrones de compra estacionales, permitiendo una planificación más efectiva de promociones y estrategias de *marketing.*

Geoespaciales

Información sobre la ubicación de las tiendas y la densidad demográfica de áreas circundantes.

- Visualizar datos geoespaciales permite identificar áreas con mayor potencial de clientes, optimizar la ubicación de nuevas tiendas y personalizar estrategias de *marketing* según la ubicación.

 ACTIVIDAD COMPLEMENTARIA

1. Imagina que eres parte del equipo de desarrollo de una plataforma de análisis de datos para una cadena de supermercados. Identifica y clasifica los diferentes tipos de datos que esta plataforma debe gestionar para optimizar la gestión del negocio. Utiliza la información proporcionada sobre la estructura de la plataforma de datos del supermercado para identificar los tipos de datos y clasificarlos según su naturaleza (estructurados, no estructurados, semiestructurados, en tiempo real, de series temporales o geoespaciales). En base a ello, proporciona un esquema que responda a la siguiente pregunta: ¿qué tipos de datos podríamos encontrar en la plataforma de datos de la cadena de supermercados y cómo podríamos clasificarlos según su naturaleza?

Características de una plataforma de datos

Una buena plataforma de datos debe contar con una serie de características fundamentales para abordar su función correctamente. Entre otras, destacan las siguientes:

- **Recopilación de datos.** Debe contar con la capacidad de adquirir datos de diversas fuentes, ya sean internas o externas, y en distintos tipos de formatos y estructuras.
- **Almacenamiento y gestión.** Debe contar con funcionalidades para almacenar y gestionar grandes volúmenes de datos de forma eficiente. Esto se consigue utilizando tecnologías como bases de datos, almacenes de datos o sistemas de gestión de datos.
- **Procesamiento y transformación.** Ha de contar con herramientas y procesos que permitan la limpieza, transformación y preparación de datos para su análisis y uso posterior.
- **Análisis y visualización.** Debe tener integradas herramientas analíticas y de visualización que faciliten la exploración y comprensión de los datos, para facilitar la toma de decisiones informadas.
- **Integración con tecnologías emergentes.** Ha de ser adaptable a nuevas tecnologías y tendencias, como permitir la integración de inteligencia artificial, el aprendizaje automático, y las tecnologías de procesamiento en tiempo real.
- **Seguridad y cumplimiento normativo.** Debe tener implementadas medidas de seguridad robustas para proteger los datos, así como el cumplimiento de regulaciones y normativas de privacidad.
- **Escalabilidad y rendimiento.** Debe ser escalable y permitir manejar volúmenes crecientes de datos, manteniendo un rendimiento óptimo en estas condiciones.
- **Facilidad de uso y acceso.** Debe contar con una interfaz amigable y accesible que permita a las personas usuarias con diferentes niveles de habilidad interactuar con la plataforma y acceder a la información relevante.

Tipos de plataforma de datos

Existen diversos **tipos de plataformas de datos,** cada una es diseñada para satisfacer unas necesidades específicas dentro del ámbito de la gestión y utilización de datos en una organización. A continuación, se describen algunos tipos comunes de plataformas de datos:

- **Plataforma de almacenamiento de datos** (*Data Storage Platform*). Este tipo de plataforma se centra en proporcionar capacidades robustas de almacenamiento de datos. Incluye sistemas de bases de datos, almacenes de datos y otros mecanismos para guardar y gestionar grandes volúmenes de información.

- **Plataforma de procesamiento y análisis de datos** *(Data Processing and Analytics Platform).* Diseñada para realizar operaciones de procesamiento y análisis de datos a gran escala. Incluye herramientas y motores de procesamiento que permiten realizar transformaciones, cálculos y análisis avanzados.
- **Plataforma de integración de datos** *(Data Integration Platform).* Se centra en la integración de datos de diversas fuentes para garantizar la coherencia y la disponibilidad de información. Incluye herramientas ETL (extracción, transformación y carga) y funciones de orquestación de procesos.
- **Plataforma de ciencia de datos** *(Data Science Platform).* Orientada a respaldar las actividades de ciencia de datos proporcionando herramientas para la exploración de datos, modelado estadístico, aprendizaje automático y desarrollo de algoritmos avanzados.
- **Plataforma de Inteligencia Artificial** *(AI Platform).* Diseñada para la implementación y gestión de soluciones basadas en inteligencia artificial. Incluye herramientas para el desarrollo, despliegue y monitoreo de modelos *de machine learning* (aprendizaje automático), así como la integración con sistemas existentes.
- **Plataforma de Gestión de Metadatos** *(Metadata Management Platform).* Enfocada en la gestión y organización de metadatos, proporcionando una capa de información adicional sobre los datos almacenados. Facilita la búsqueda, comprensión y trazabilidad de los datos.
- **Plataforma de almacenamiento y procesamiento en la nube** *(Cloud Data Platform).* Diseñada para operar en entornos de nube, integra capacidades de almacenamiento y procesamiento en la nube, permitiendo un acceso ágil y una escalabilidad conforme a las necesidades de la organización.
- **Plataforma de analítica en tiempo real** *(Real-Time Analytics Platform).* Se centra en el procesamiento y análisis de datos en tiempo real, permitiendo la toma de decisiones inmediata basada en la información más reciente.

NOTA

Todos estos tipos de plataformas pueden integrarse en soluciones más amplias para abordar las diversas facetas del ciclo de vida de los datos, desde su captura hasta su análisis y, finalmente, su aplicación estratégica.

APLICACIÓN PRÁCTICA

¿Sabrías decir qué tipo de plataforma se encarga principalmente de proporcionar capacidades robustas de almacenamiento de datos?

Solución

Data Storage Platform es una plataforma que se centra principalmente en proporcionar capacidades robustas de almacenamiento de datos, incluyendo sistemas de bases de datos, almacenes de datos y otros mecanismos para guardar y gestionar grandes volúmenes de información.

La elección de la plataforma dependerá de los objetivos y requisitos específicos de cada organización. Sin embargo, la plataforma integral que ocupa la temática es la **plataforma de datos de inteligencia de negocios o** *Business Intelligence (BI Platform).*

Este tipo de plataforma de datos catalogada como BI Platform es aquella que está enfocada en proporcionar herramientas y servicios para el análisis de datos empresariales, la creación de informes y la generación **de dashboards interactivos.**

IMPORTANTE

Una plataforma de BI es un recurso que facilita la toma de decisiones estratégicas al presentar información de manera visual y comprensible.

En la siguiente visualización se destaca la importancia de la gestión eficiente de datos. Sin embargo, es solo una parte integral de una plataforma de datos mucho más amplia. Hay que destacar que **las plataformas de datos son ecosistemas completos que orquestan y aprovechan los datos para generar información valiosa y respaldar la toma de decisiones.**

Representación de procesos integrados en una plataforma de datos. Fuente: Semantix

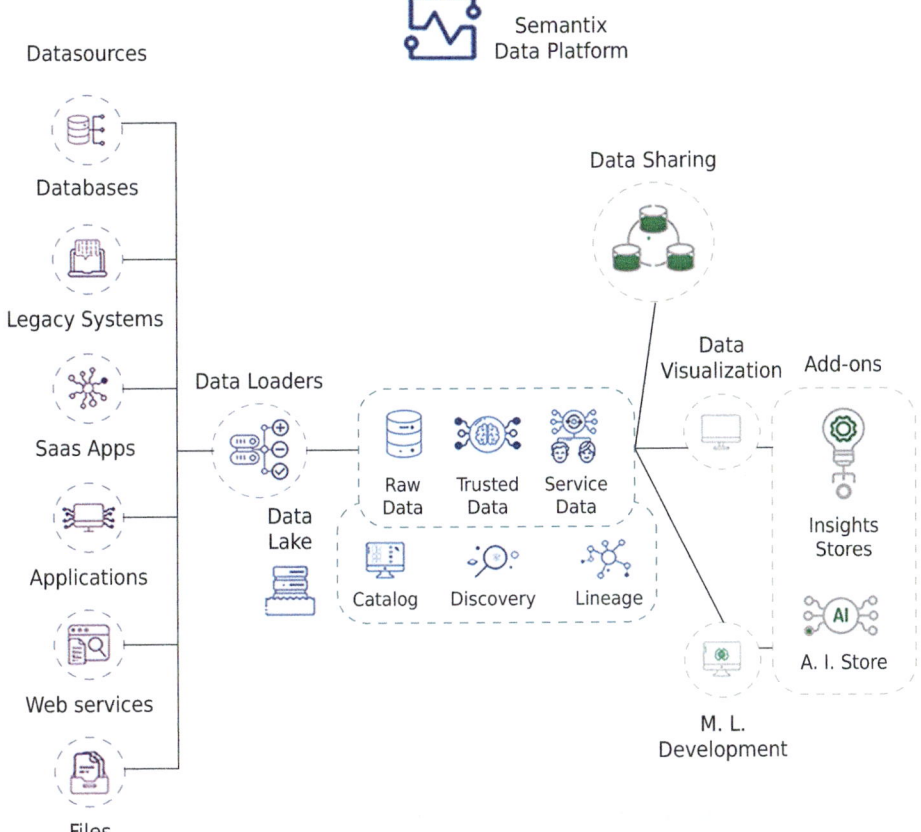

En la representación se destaca la importancia de la gestión eficiente de datos, un componente esencial dentro del vasto espectro de la plataforma de datos. En la gráfica representada se integran conceptos clave como *Business Intelligence*, que implica la transformación de datos en información estratégica, y la inteligencia artificial, que potencia la capacidad de análisis predictivo y decisiones automatizadas.

 **IMPORTANTE**

Las plataformas de datos actuales son ecosistemas muy completos capaces de orquestar y aprovechar todo tipo de datos para generar información valiosa. Las plataformas más avanzadas integran tecnologías como *Business Intelligence* e inteligencia artificial para respaldar de manera robusta la toma de decisiones estratégicas.

3. *Business Intelligence* con Pentaho Dashboard

 HILO CONDUCTOR

Con una comprensión sólida del concepto de *Business Intelligence,* este grupo de amigos se embarcó en la siguiente etapa de su aventura tecnológica: la implementación de un *Pentaho Dashboard.* Reconocieron en Pentaho una herramienta poderosa para visualizar y analizar datos de manera sorprendente. Con determinación, el equipo se sumergió en la creación de paneles dinámicos a fin de permitirles monitorear el rendimiento de su aplicación de realidad virtual. Con ello, también podrán tomar decisiones basadas en los datos recopilados.

Pentaho es una completa *suite* de herramientas y soluciones de *Business Intelligence* que abarca el ciclo completo de gestión y análisis de datos. Pentaho ofrece un conjunto de aplicaciones que facilitan la recopilación, la transformación, la presentación y el análisis de datos de manera eficiente.

Se caracteriza por su enfoque de código abierto, esto implica que no conlleva costes por adquisición de licencias, por lo que está a disposición de cualquier usuario. Se trata de una plataforma integral que abarca y satisface de manera completa los requisitos de BI, abordando aspectos clave como el análisis y la gestión de datos, así como la administración y seguridad.

Cabe destacar que Pentaho nace como una aplicación de *software* o programa informático dedicada a la administración de la inteligencia empresarial en un aspecto muy amplio y completo. Esto significa que la *suite* está enfocada al *Business Intelligence* en su máxima expresión, pero también al análisis de **Big Data.**

 DEFINICIÓN

Big data

El término *big data* hace referencia a un grupo de tecnologías capaces de tratar conjuntos de datos extremadamente grandes y complejos que superan las capacidades de las herramientas tradicionales de procesamiento de datos. Estos conjuntos de datos suelen caracterizarse por las llamadas 3V: volumen (gran cantidad de datos), velocidad (alta tasa de generación o procesamiento) y variedad (diversidad de tipos de datos). *Big data* implica la capacidad de gestionar, procesar y analizar datos a gran escala.

No obstante, Pentaho ofrece mucho más que herramientas especializadas para llevar a cabo la extracción de datos y su posterior transformación y carga. Proporciona soluciones robustas no solo para la generación de informes, pues también brinda análisis multidimensionales como los siguientes:

- **OLAP.** OLAP *(online analytical processing)* o procesamiento analítico en línea, es una tecnología que permite realizar análisis multidimensional de datos. Por ejemplo, una base de datos que almacena información sobre las ventas de una empresa. Mientras que una base de datos relacional tradicional podría mostrar una lista de todas las transacciones, OLAP organiza los datos de manera que se pueda analizar las ventas según diferentes dimensiones, como por producto, región y tiempo. En la práctica, por ejemplo, se puede usar OLAP para visualizar las ventas totales de los productos en diferentes regiones durante los últimos meses.

A continuación y a modo de ejemplo, se muestra cómo queda represen-
tado un proceso analítico de ventas de una juguetería mediante un cubo
OLAP:

Ejemplificación de un sistema OLAP aplicado a una tienda de juguetes

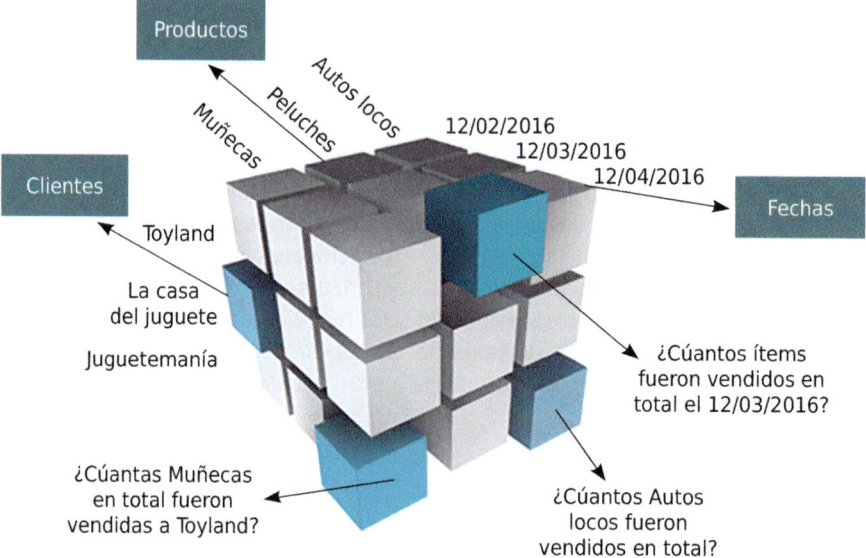

➲ **Data Mining.** La minería de datos o *Data Mining* implica descubrir patrones y relaciones significativas en conjuntos de datos grandes. Por
ejemplo, imagina que se dispone de un conjunto de datos que contiene
información sobre compras *online*. Estos datos incluyen productos com-
prados y detalles de los clientes. Utilizando técnicas de minería de datos,
se podrían descubrir patrones de compra frecuentes, como la tendencia
de los clientes cuando compran ciertos productos juntos. Un ejemplo
sería identificar que los clientes que adquieren un teléfono inteligente
también tienden a comprar accesorios relacionados con él, como son
fundas o auriculares.

➲ **Dashboard.** Un tablero de control o *dashboard* es una interfaz visual que
presenta información clave de manera condensada y fácil de entender.
Por ejemplo, un tablero de control de ventas que muestra gráficos y ci-
fras clave, como ingresos totales, productos más vendidos y compara-
ciones de rendimiento entre diferentes regiones. Aplicado a la práctica
sería un tablero que destaca las métricas de ventas diarias, permitiendo
a la gerencia de una empresa identificar rápidamente tendencias y áreas
de enfoque.

⮞ **Consultas *ad-hoc*.** Las consultas *ad-hoc* son consultas de datos que se realizan de manera flexible y sin una estructura predefinida. Por ejemplo, es muy útil cuando se está trabajando en un sistema de gestión de recursos humanos y se desea obtener información específica sobre los empleados, como sus habilidades y experiencias. Utilizando consultas *ad-hoc*, es posible formular preguntas personalizadas como, por ejemplo. "Identifica todos los empleados con experiencia en programación Java" sin depender de consultas predefinidas. En este caso, la consulta *ad-hoc* permite a la empresa obtener información específica según tus necesidades que tenga en ese momento.

3.1. Características y funciones de Pentaho

Son varias las funciones que **caracterizan la *suite* Pentaho** como una potente herramienta de BI. Contempla el **proceso ETL,** el ***Data Warehousing*** o ***Warehouse,*** el **análisis de datos,** la generación de informes o ***dashboards*** y la **integración de tecnología disruptiva.**

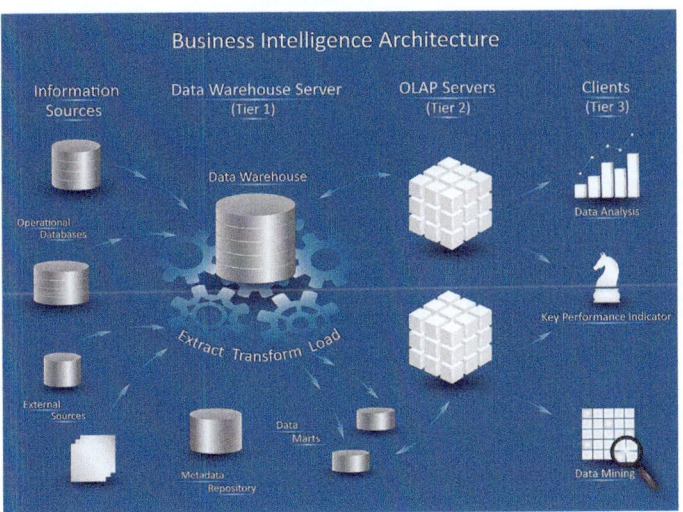

Representación de la arquitectura de la inteligencia empresarial (BI) adoptada por herramientas como Pentaho

 SABÍAS QUE...

Pentaho, además de ser de código abierto, utiliza tecnologías convencionales, como JavaScript, XML y Java. Además, cuenta con entornos de desarrollo simples. También es compatible para ser funcional en cualquier sistema operativo como *MacOS, Windows* o *Linux,* lo que convierte esta herramienta en una gran ventaja significativa para los usuarios.

- -

ETL

Por un lado, está el ETL, acrónimo que hace referencia a los procesos de **extracción *(Extract),* transformación *(Transform)* y carga *(Load)* de datos.**

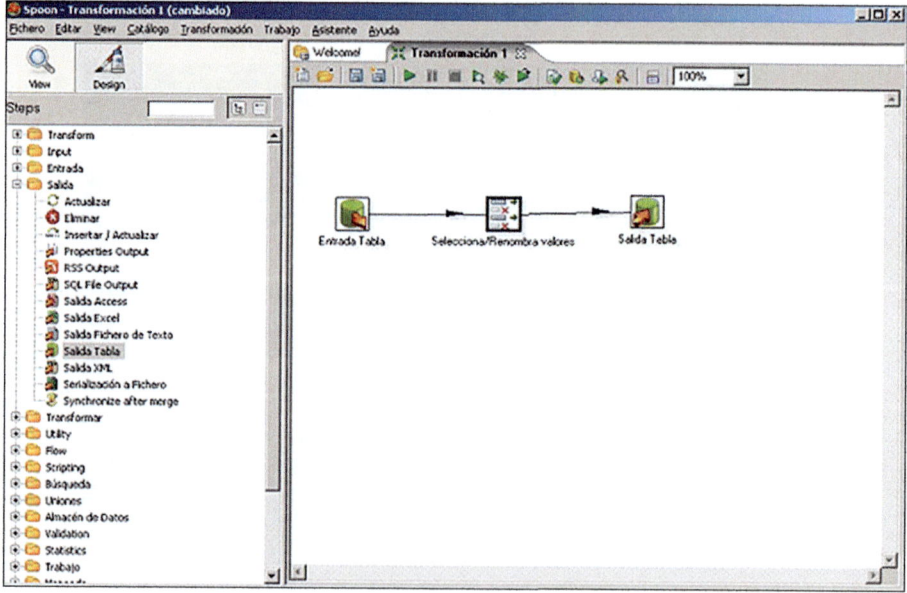

ETL permite la integración de datos desde diversas fuentes, facilitando la preparación y transformación de la información para su análisis. Todo ello es fundamental en el ámbito de Business Intelligence y la gestión eficiente de datos.

Es importante conocer con más detalle qué es lo que engloba cada letra del acrónimo ETL.

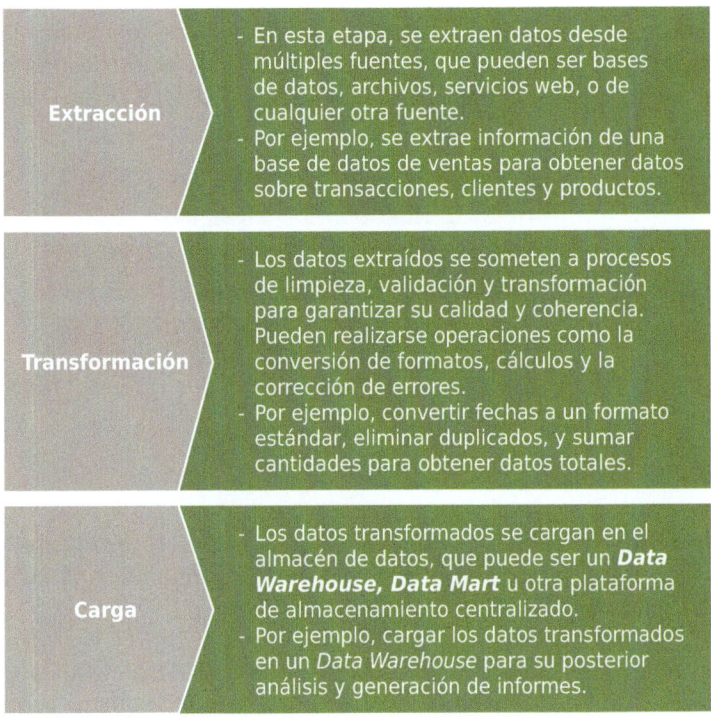

Presta atención al ejemplo que viene a continuación, este ilustra cómo son **las etapas del proceso ETL** por parte de la inteligencia de negocios dentro de una pequeña empresa que tiene varias tiendas.

Una empresa minorista desea analizar sus datos de ventas de múltiples tiendas para obtener información estratégica. Seguidamente, se explica con detalle cómo se aplicaría el proceso ETL:

- ⮞ **Extracción.** Se extraen datos de las bases de datos de ventas de todas las tiendas, obteniendo información sobre productos vendidos, fechas de transacciones y detalles del cliente.
- ⮞ **Transformación.** Se realizan diversas transformaciones, como la corrección de errores en las fechas, la consolidación de datos duplicados, y la conversión de monedas extranjeras a la moneda local.
- ⮞ **Carga.** Los datos transformados se cargan en un *Data Warehousing* centralizado, donde se almacenan de manera organizada y están listos para su análisis.

El proceso ETL permite a este pequeño comercio tener una visión consolidada de sus datos de ventas, facilitando la generación de informes y análisis que respaldarán la toma de decisiones estratégicas, como podría ser:

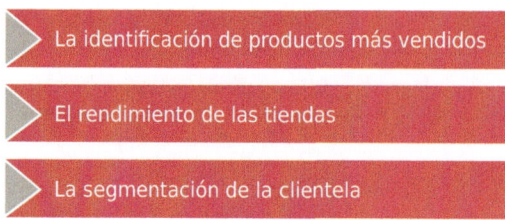

> La identificación de productos más vendidos

> El rendimiento de las tiendas

> La segmentación de la clientela

Data Warehousing

Data Warehousing proporciona herramientas para la creación y gestión de almacenes de datos, permitiendo el almacenamiento centralizado y organizado de grandes volúmenes de información.

El *Data Warehousing* es una práctica que implica la creación y el mantenimiento de un depósito centralizado de datos, diseñado específicamente para el soporte de procesos de toma de decisiones y el análisis de negocio.

En un entorno de Data Warehousing, los datos de diversas fuentes operativas se consolidan, transforman y almacenan en un formato optimizado para el análisis, facilitando la obtención de información estratégica.

Las **principales características del *Data Warehousing*** son:

- **Consolidación de datos.** Los datos de múltiples fuentes, como bases de datos operativas, sistemas transaccionales y otras fuentes, se integran en el almacén de datos central. Por ejemplo, imagina un escenario en el que una empresa tiene datos dispersos en varias fuentes, como sistemas de punto de venta en sus tiendas y una base de datos *online*. Los datos de ventas de cada tienda, incluyendo detalles de productos y clientes, se extraen y consolidan en un único almacén de datos central.

- **Transformación y limpieza.** Los datos se someten a procesos de transformación para asegurar su calidad y consistencia. Esto incluye la corrección de errores, la normalización de formatos y la eliminación de datos duplicados. Por ejemplo, imagina ahora que los datos de ventas tienen formatos inconsistentes y algunos registros tienen errores tipográficos. En este caso, se aplican procesos de transformación para corregir errores, normalizar formatos de fechas y limpiar datos, asegurando que la información sea coherente y de alta calidad.

- **Optimización para el análisis.** La estructura del almacén de datos se optimiza para el rendimiento en el análisis. Se crean esquemas específicos, como son los esquemas en estrella o en copo de nieve, que facilitan consultas eficientes. Por ejemplo, ahora la empresa necesita realizar análisis de ventas por región y categoría de productos. Es entonces cuando se utiliza un esquema en estrella en el *Data Warehousing,* donde la tabla central almacena datos generales y las tablas de dimensiones (como regiones y categorías) facilitan consultas eficientes y específicas.

- **Historial de datos.** Se mantiene un historial de cambios en los datos a lo largo del tiempo. Esto permite el análisis de tendencias y patrones a lo largo de distintos períodos. Por ejemplo, la empresa desea analizar cómo han cambiado las preferencias de compra de los clientes a lo largo de los años. El *Data Warehousing* mantiene un historial de cambios, permitiendo el análisis de tendencias de compra a lo largo del tiempo y proporcionando una visión histórica de los datos.

- **Acceso simplificado.** Los usuarios, como analistas y tomadores de decisiones, acceden a los datos mediante herramientas de consulta y generación de informes diseñados para facilitar la extracción de información valiosa. Por ejemplo, la gerencia y los analistas necesitan acceder a informes de ventas de manera rápida y de forma eficiente. En este contexto, se implementan herramientas de BI que permiten a los usuarios ejecutar consultas y generar informes fácilmente, sin requerir conocimientos técnicos avanzados.

- **Soporte BI centralizado.** El *Data Warehousing* es fundamental para las iniciativas de BI, ya que proporciona un ambiente centralizado y optimizado para el análisis de datos empresariales. Por ejemplo, finalmente, la empresa desea tener una visión global y centralizada de todas las operaciones de ventas. El *Data Warehouse* sirve como el centro para todas las iniciativas de BI, proporcionando un ambiente optimizado para el análisis de datos empresariales de ventas en relación a todas sus tiendas.

El posible describir el funcionamiento del *Data Warehousing* a través del siguiente proceso:

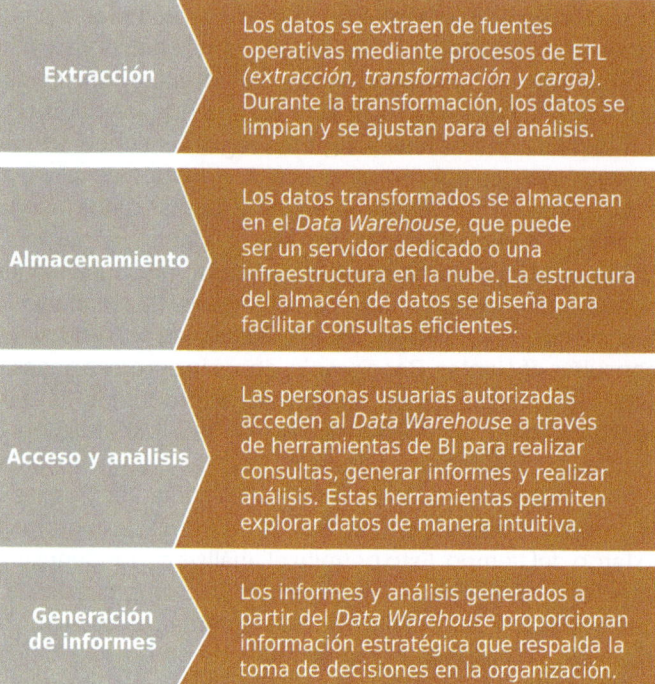

Extracción
Los datos se extraen de fuentes operativas mediante procesos de ETL *(extracción, transformación y carga)*. Durante la transformación, los datos se limpian y se ajustan para el análisis.

Almacenamiento
Los datos transformados se almacenan en el *Data Warehouse*, que puede ser un servidor dedicado o una infraestructura en la nube. La estructura del almacén de datos se diseña para facilitar consultas eficientes.

Acceso y análisis
Las personas usuarias autorizadas acceden al *Data Warehouse* a través de herramientas de BI para realizar consultas, generar informes y realizar análisis. Estas herramientas permiten explorar datos de manera intuitiva.

Generación de informes
Los informes y análisis generados a partir del *Data Warehouse* proporcionan información estratégica que respalda la toma de decisiones en la organización.

 **NOTA**

El *Data Warehousing*, al proporcionar una vista unificada y optimizada de los datos empresariales, se convierte en un activo crucial para las organizaciones que buscan obtener una inteligencia empresarial valiosa y respaldar la toma de decisiones informadas.

- -

Aunque es fácil confundir *Data Warehousing* y *big data,* cada uno de estos conceptos representa cosas diferentes:

➲ **Big data.** Mientras que el término *big data* hace referencia a un grupo de tecnologías capaces de gestionar, procesar y analizar grandes volúmenes de datos.

⮑ ***Data Warehousing.*** Se centra en la consolidación, transformación y almacenamiento optimizado de datos para facilitar el análisis y la generación de informes. Utiliza estructuras de almacenamiento específicas, como almacenes de datos, y se enfoca en la integración de datos de diferentes fuentes para proporcionar una visión centralizada y optimizada para el análisis empresarial.

Después de conocer las diferencias entre *Big Data* y *Data Warehousing,* llega el momento de descubrir cómo se complementan ambas tecnologías:

1. **Complementariedad.** Si bien el *Data Warehousing* se ha centrado tradicionalmente en **datos estructurados** y operacionales, el *big data* aborda la gestión de **datos no estructurados** y **semiestructurados,** así como flujos de datos en tiempo real. Ambos enfoques son complementarios para abordar las diversas necesidades de gestión de datos en una organización. Por ejemplo, una empresa de comercio electrónico utiliza *Data Warehousing* para analizar las transacciones de sus clientes (datos estructurados). Sin embargo, para comprender las opiniones de los clientes expresadas en redes sociales (datos no estructurados), recurre a *big data* para procesar y analizar comentarios en tiempo real. Ambos enfoques, *Data Warehousing* y *big data,* se complementan para abordar diferentes tipos de datos y necesidades analíticas.

2. **Escalabilidad.** Mientras que el *Data Warehousing* se ha optimizado para conjuntos de datos de tamaño moderado a grande, el *big data* destaca por su capacidad para manejar volúmenes masivos de datos. *Big data* a menudo se asocia con tecnologías como Hadoop y sistemas de almacenamiento distribuido que escalan horizontalmente para abordar grandes cantidades de datos. Por ejemplo, una empresa de análisis financiero utiliza *Data Warehousing* para gestionar datos de transacciones diarias de sus clientes. A medida que crece la cantidad de clientes y transacciones, recurre a *big data* para manejar el volumen masivo de datos, utilizando tecnologías distribuidas como Hadoop para escalar horizontalmente. Esto asegura que la infraestructura pueda crecer eficientemente con el aumento de datos.

3. **Variedad de datos.** Mientras que el *Data Warehousing* se enfoca principalmente en datos estructurados, el *big data* aborda la diversidad de datos, incluyendo datos no estructurados como texto, imágenes y vídeos. Esto permite a las organizaciones gestionar una amplia gama de fuentes de datos. Por ejemplo, un fabricante de productos electrónicos utiliza *Data Warehousing* para analizar datos estructurados de producción y ventas. Para incorporar datos no estructurados, como comentarios de clientes sobre productos en redes sociales, la empresa utiliza *Big data*. La combinación de ambos enfoques permite una visión completa que abarca desde datos operativos estructurados hasta la retroalimentación no estructurada de los clientes.

4. **Velocidad.** *Big data* destaca en el procesamiento y en el análisis en tiempo real, mientras que el *Data Warehousing* se ha centrado en proporcionar un rendimiento eficiente para consultas analíticas complejas. Por ejemplo, una plataforma de *streaming* utiliza *Data warehousing* para realizar análisis retrospectivos sobre las preferencias de visualización de sus usuarios. Sin embargo, para analizar datos en tiempo real, como la popularidad de un programa en el momento de su lanzamiento, recurre a *big data.* La velocidad de procesamiento en tiempo real de *big data* complementa la capacidad analítica retrospectiva de *Data Warehousing.*

5. **Necesidades analíticas diferentes.** El *Data Warehousing* es esencial para los análisis empresariales tradicionales y para las consultas estructuradas. El *big data,* por otro lado, es crucial cuando se trata de analizar datos no estructurados y realizar análisis avanzados, como el aprendizaje automático *(machine learning),* sobre grandes volúmenes de datos. Por ejemplo, una empresa de comercio electrónico utiliza *Data Warehousing* para analizar patrones de compra y tendencias en general. Cuando desea implementar un modelo de recomendación personalizado basado en el comportamiento del usuario, recurre a *big data* y técnicas de aprendizaje automático. Cada enfoque aborda necesidades analíticas específicas, desde análisis empresariales tradicionales, hasta análisis avanzados impulsados por *machine learning.*

NOTA

Data Warehousing y *Big Data* son dos enfoques complementarios en el ámbito de la gestión de datos, cada uno aborda diferentes aspectos y necesidades en función del tipo de datos y los requisitos analíticos de una organización.

- -

ACTIVIDAD COMPLEMENTARIA

2. Imagina que estás participando en un debate sobre *Data Warehousing* vs. *Big Data* en el ámbito empresarial. Defiende con argumentos dos enfoques distintos. Para ello, responde a la siguiente pregunta. ¿Cuál es el camino más adecuado para una organización empresarial? ¿*Data Warehousing* o *Big Data*?

- Por una parte, prepara un argumento para defender el enfoque de *Data Warehousing* que llamarás "Enfoque de defensa de *Data Warehousing*".

Continúa en página siguiente >>

<< Viene de página anterior

· Por otra parte, defiende que *Big Data* es el enfoque más adecuado para impulsar una empresa y cuyo argumento llamarás "Enfoque de defensa de *Big Data*".

Puedes analizar ventajas e inconvenientes, costes, recursos necesarios, etc.

Análisis de datos

Pentaho va más allá de ser simplemente una herramienta de *Business Intelligence*. Ofrece capacidades analíticas avanzadas que permiten a las organizaciones **desentrañar la valiosa información de sus datos.** Pentaho consigue transformar los datos en información de valor de la siguiente manera:

➲ **Exploración de patrones.** La *suite* de Pentaho permite al usuario sumergirse en sus datos para identificar patrones repetitivos o tendencias significativas. Por ejemplo, un comercio minorista puede explorar patrones de compra estacional para comprender qué productos son más populares en determinadas épocas del año. Esto es realmente útil para planificar inventarios y estrategias de *marketing*.

➲ **Análisis de tendencias.** Pentaho facilita la identificación y el seguimiento de las tendencias que evolucionan con el tiempo. Por ejemplo, en el ámbito financiero es posible utilizar Pentaho para analizar tendencias de crecimiento o declive en los ingresos trimestrales. Esto brindaría una visión más clara de la salud financiera de la empresa más allá del corto y medio plazo.

➲ **Relaciones en los datos.** Pentaho permite descubrir conexiones y relaciones entre diferentes conjuntos de datos, revelando información valiosa. Por ejemplo, en una empresa de telecomunicaciones Pentaho podría ser muy útil para identificar la relación entre la satisfacción del cliente y la calidad del servicio. Con ello, es posible identificar medidas proactivas para mejorar la experiencia del usuario.

➲ **Facilitando decisiones informadas.** Al proporcionar análisis detallados, Pentaho apunta a empoderar a los tomadores de decisiones con información sólida. Por ejemplo, en un entorno de Recursos Humanos, Pentaho podría ser utilizado para analizar patrones de rendimiento y correlacionarlos con prácticas de gestión específicas. Esto facilitaría la toma de decisiones sobre estrategias de liderazgo y desarrollo del personal.

IMPORTANTE

Pentaho no solo se limita a presentar datos de manera visualmente atractiva, sino que va más allá. Ofrece herramientas y funcionalidades que permiten a las organizaciones explorar, comprender y aprovechar plenamente la riqueza de información que yace en sus datos. Esto se traduce directamente en la capacidad de tomar decisiones estratégicas y bien informadas impulsar el éxito empresarial.

Generación de informes

Pentaho facilita la creación de informes personalizables y **dashboards interactivos** o **dinámicos** que visualizan datos de manera comprensible para los usuarios a través de las siguientes características y funcionalidades clave:

➲ **Generación de informes:**

  ↻ *Dashboards* interactivos:

   ⇕ **Capacidades de explotación de datos.** Las capacidades de explotación de datos hacen referencia a la habilidad de una herramienta o plataforma para extraer, analizar y obtener información valiosa a partir de conjuntos de datos complejos. Esto implica procesos como la limpieza y transformación de datos, el análisis estadístico, la identificación de patrones y tendencias, la generación de informes y visualizaciones, entre otros aspectos. Estas capacidades permiten a las personas usuarias de la herramienta tomar decisiones basadas en datos sólidos y aprovechar al máximo el potencial de la información disponible.
   ⇕ **Herramientas de perforación.** Las herramientas de perforación, como el *drill-down* y el *drill-through,* permiten a los usuarios explorar datos en diferentes niveles de detalle y profundidad.

    ● *Drill-through.* A diferencia del *drill-down,* el *drill-through* permite a los usuarios navegar de un informe a otro para acceder a información más detallada y contextual. Por ejemplo, un usuario puede hacer clic en un elemento en un *dashboard* para abrir un informe relacionado que proporciona información adicional sobre ese elemento específico.

○ *Drill-down.* Esta técnica posibilita que los usuarios puedan profundizar en los datos desglosando la información de un nivel más alto a un nivel más detallado. Por ejemplo, un usuario puede hacer clic en un elemento de resumen en un gráfico para ver más detalles sobre los datos subyacentes.

⇕ **Filtros dinámicos.** Los filtros dinámicos son herramientas que permiten a los usuarios refinar y restringir la información que se muestra en un *dashboard* o informe interactivo. Estos filtros pueden aplicarse a diferentes dimensiones o métricas de los datos, como fechas, regiones, categorías de productos, etc. Las personas usuarias pueden seleccionar diferentes valores de los filtros para ajustar la visualización de los datos en tiempo real, en consecuencia, esto les permite explorar y analizar la información de manera más específica y relevante.

Pentaho ofrece una solución completa para la generación de informes abarcando todos los aspectos necesarios para la toma de decisiones. Esta herramienta de informes de Pentaho, ofrece un potente motor de ejecución para procesar y generar esos reportes.

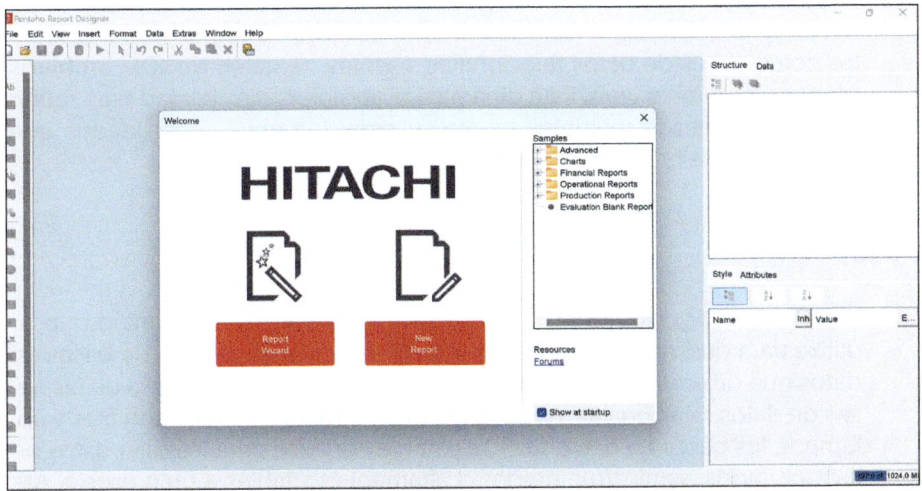

Pentaho también permite en la herramienta Pentaho Report Designer la creación de informes ad-hoc, es decir, informes personalizados según las necesidades específicas de cada usuario.

La plataforma proporciona una amplia biblioteca de componentes visuales como gráficos, tablas dinámicas, indicadores clave de rendimiento (KPI), mapas y otros *widgets.* Estos elementos permiten representar los datos de manera visualmente atractiva y comprensible, facilitando así la interpretación de la información estratégica.

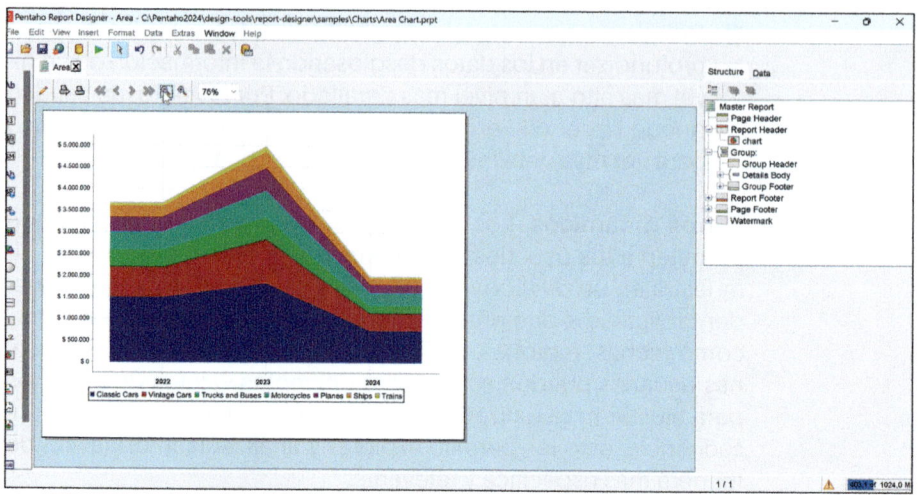

Ejemplo de informe creado con Pentaho Report Designer

Integración de tecnología disruptiva

La tecnología de Pentaho hace posible la conectividad con diversas fuentes de datos. Esto significa que Pentaho consigue integrar distintas fuentes como bases de datos relacionales, fuentes de datos **NoSQL, archivos planos** y **servicios web.** Esta dinámica proporciona flexibilidad para reunir información desde múltiples fuentes y crear informes consolidados que ofrecen una visión completa de los datos.

NoSQL

NoSQL, que significa *Not Only SQL* o No solo SQL, es un término que se utiliza para describir una amplia gama de sistemas de gestión de bases de datos que difieren del modelo relacional tradicional. A diferencia de las bases de datos relacionales, que siguen una estructura tabular con filas y columnas, las bases de datos NoSQL están diseñadas para manejar datos no estructurados, semiestructurados o altamente variables a gran escala. Así, poseen las siguientes características:

Modelo de datos flexible
Las bases de datos NoSQL pueden manejar una variedad de modelos de datos, como documentos, clave-valor, columnares y grafos, permitiendo una mayor flexibilidad para adaptarse a diferentes tipos de datos y casos de uso.

Escalabilidad horizontal
Muchas bases de datos NoSQL están diseñadas para escalar horizontalmente, lo que significa que pueden distribuir datos y cargas de trabajo en múltiples servidores para manejar grandes volúmenes de datos y altas cargas de tráfico.

Alta disponibilidad y tolerancia a fallos
Al distribuir datos y cargas de trabajo en múltiples nodos, las bases de datos NoSQL pueden ofrecer una alta disponibilidad y tolerancia a fallos, garantizando así que los sistemas sigan funcionando incluso en caso de fallos de *hardware* o red.

Desempeño optimizado para cargas de trabajo específicas
Al estar diseñadas para casos de uso específicos, las bases de datos NoSQL pueden ofrecer un rendimiento optimizado para cargas de trabajo de lectura, escritura, búsqueda, análisis o transacciones, entre otras tareas.

 IMPORTANTE

Las bases de datos NoSQL se utilizan comúnmente en aplicaciones web y móviles, sistemas de comercio electrónico, análisis de *big data*, IoT (internet de las cosas), juegos *online* y otras aplicaciones que requieren manejo de grandes volúmenes de datos y escalabilidad horizontal.

Archivos planos

Los archivos planos, también conocidos como archivos de texto o archivos de datos sin formato, son archivos que contienen información en un formato simple y legible por humanos. A diferencia de las bases de datos que utilizan un sistema de gestión de bases de datos para organizar y acceder a los datos, los archivos planos almacenan los datos de manera lineal, sin una estructura definida o jerarquía interna. Sus características son las siguientes:

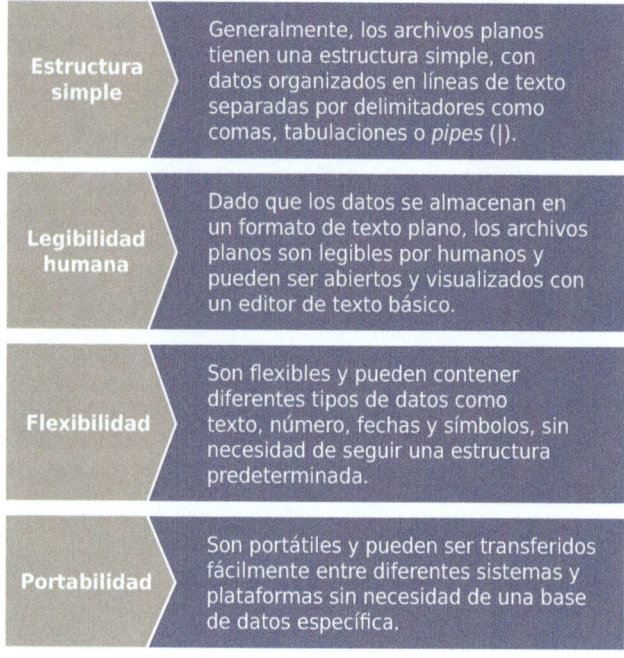

Estructura simple
Generalmente, los archivos planos tienen una estructura simple, con datos organizados en líneas de texto separadas por delimitadores como comas, tabulaciones o *pipes* (|).

Legibilidad humana
Dado que los datos se almacenan en un formato de texto plano, los archivos planos son legibles por humanos y pueden ser abiertos y visualizados con un editor de texto básico.

Flexibilidad
Son flexibles y pueden contener diferentes tipos de datos como texto, número, fechas y símbolos, sin necesidad de seguir una estructura predeterminada.

Portabilidad
Son portátiles y pueden ser transferidos fácilmente entre diferentes sistemas y plataformas sin necesidad de una base de datos específica.

 **IMPORTANTE**

Los archivos planos se utilizan normalmente para intercambiar datos entre sistemas y aplicaciones, como la importación y exportación de datos entre hojas de cálculo, bases de datos y programas de *software*. Aunque son simples y versátiles, los archivos planos pueden tener limitaciones en términos de rendimiento y capacidad para manejar grandes volúmenes de datos en comparación con las bases de datos estructuradas.

Servicios web

Los servicios web son sistemas de *software* diseñados para permitir la interacción entre aplicaciones y sistemas informáticos a través de internet. Estos servicios consiguen que diferentes aplicaciones se comuniquen entre sí y compartan datos y funcionalidades de manera estandarizada y segura, independientemente de la plataforma o del lenguaje de programación utilizado. Algunos de sus características son las siguientes:

1. **Estándares de comunicación.** Los servicios web utilizan estándares de comunicación abiertos y universales, como son:

    ◑ HTTP *(hypertext transfer protocol)* y,
    ◑ XML *(extensible markup language)*

    Estos estándares de comunicación hacen posible la interoperabilidad entre diferentes sistemas y plataformas.
2. **Protocolos basados en estándares.** Los servicios web suelen basarse en protocolos estándar como SOAP *(Simple Object Access Protocol)* o REST *(Representarional State Transfer),* que definen reglas y formatos para la comunicación y el intercambio de datos.
3. **Interfaz orientada a servicios.** Los servicios web proporcionan una interfaz orientada a servicios que define las operaciones disponibles, los parámetros de entrada y salida, y la forma en que se accede y se utiliza el servicio.

    ◑ **Acceso remoto.** Los servicios web permiten el acceso remoto a funcionalidades y datos a través de internet, facilitando la integración y la interoperabilidad entre sistemas distribuidos.
    ◑ **Seguridad.** Los servicios web suelen implementar medidas de seguridad, como autenticación, autorización y cifrado de datos, para proteger la integridad y la privacidad de la información transmitida.

 EJEMPLO

Como ejemplos de servicios web están las APIs *(Application Programming Interfaces)* públicas y privadas, servicios de pago *online,* servicios de geolocalización, servicios de mensajería instantánea, redes sociales, y otros muchos ejemplos más.

Los servicios web son fundamentales para la arquitectura de *software* Orientada a Servicios (SOA) y son muy utilizados en aplicaciones web, móviles y programas empresariales para facilitar la integración y la comunicación entre sistemas heterogéneos.

Motor OLAP

Por otra parte, la tecnología OLAP *(Online Analytical Processing)* organiza los datos para transformarlos en información útil a través de un cubo dimensional, cuya estructura dota de dinamismo a las consultas. Es decir, con el procesamiento analítico en línea, conocido como OLAP, se pueden explorar los datos moviéndonos a lo largo de diferentes dimensiones como el tiempo, el producto o la ubicación.

El motor OLAP utilizado por Pentaho se llama Mondrian. Proporciona un enfoque multidimensional orientado a las bases de datos y al *Data Mining* o la minería de datos.

Aunque Mondrian puede integrarse de forma independiente en otras plataformas, es un componente muy utilizado junto con otros como Data Integration. Se trata de un motor OLAP híbrido que tiene la capacidad de combinar la flexibilidad de los motores OLAP con una caché que mejora la velocidad de procesamiento.

Los visores OLAP *(Online Analytical Processing)* son herramientas que permiten analizar grandes volúmenes de datos de forma interactiva, eficiente y jerarquizada. En el ámbito de la inteligencia empresarial (BI), estas herramientas facilitan el acceso a datos organizados en cubos OLAP, donde se pueden realizar análisis multidimensionales para identificar tendencias, patrones o estadísticas importantes.

De seguida conocerás los llamados **visores OLAP de Pentaho.** Son herramientas que permiten a los usuarios de la *suite* de Pentaho interactuar con los datos almacenados en un cubo OLAP, que se corresponde con el procesamiento analítico en línea.

Estos visores facilitan la exploración y el análisis de los datos desde diferentes perspectivas, permitiendo a los usuarios realizar consultas dinámicas, aplicar filtros, realizar perforaciones *(drill-down y drill-up)* y visualizar los resultados de forma interactiva.

 **NOTA**

Los visores OLAP son una parte integral de la *suite* de Pentaho destinada a proporcionar a los usuarios finales una experiencia de análisis de datos intuitiva y poderosa.

Un cubo OLAP organiza los datos en dimensiones (categorías de análisis, como tiempo o ubicación) y medidas (valores numéricos a analizar, como ventas o ingresos). Esto permite responder a preguntas como:

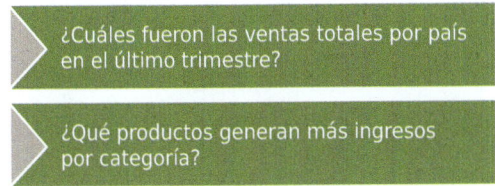

¿Cuáles fueron las ventas totales por país en el último trimestre?

¿Qué productos generan más ingresos por categoría?

En el caso de Pentaho, los cubos OLAP se almacenan en sistemas Mondrian. La herramienta específica para crear visualizaciones interactivas basadas en cubos OLAP en Pentaho es Pentaho Analyzer que permite crear los informes de forma estática o interactiva.

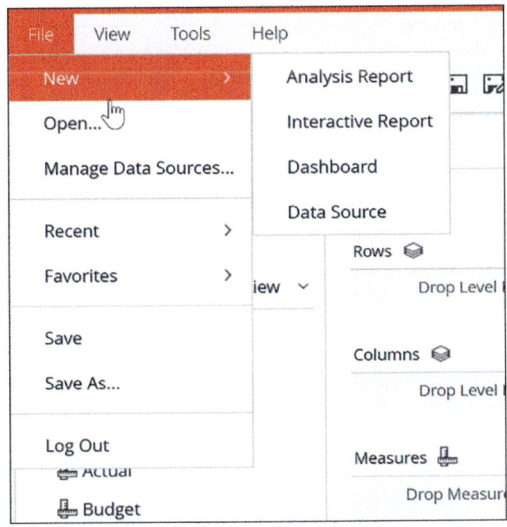

Opciones de creación de informes interactivos o analíticos en Pentaho Analyzer

Esta herramienta permite a los usuarios crear visualizaciones interactivas basadas en cubos OLAP mediante el sistema Drag and Drop, que permite arrastrar dimensiones y valores, incorporar filtros y jerarquías y exportar los datos a distintos formatos como Excel o PDF.

El motor OLAP nativo de Pentaho, que permite crear cubos y ejecutar consultas, es conocido por su rapidez y capacidad para integrarse con bases de datos relacionales como MySQL, PostgreSQL y Oracle.

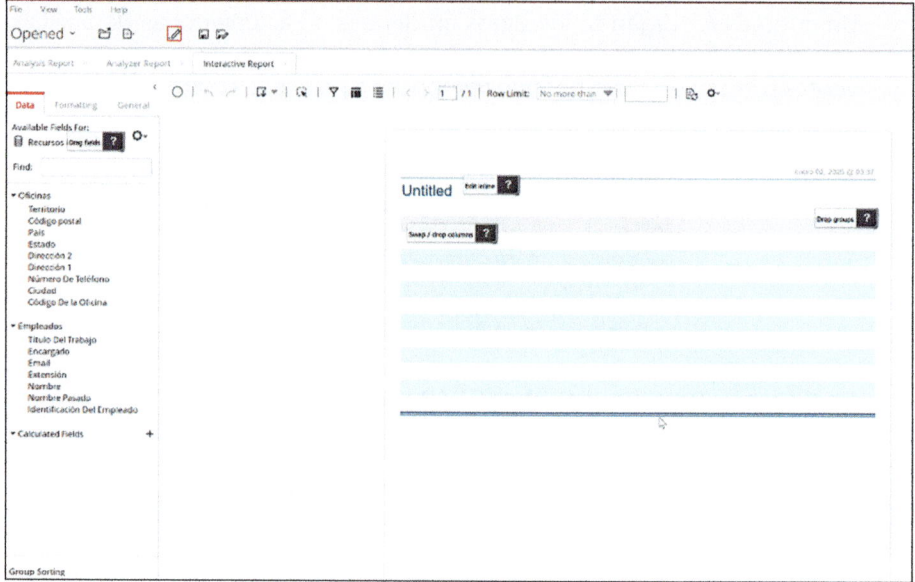

Pantalla de creación un informe interactivo en el que se integrarán los campos correspondientes a la base de datos "Recursos" cuyas tablas son Oficinas y Empleados.

Los visores OLAP en Pentaho proporcionan una solución robusta para la toma de decisiones basada en datos. Su capacidad para manejar análisis multidimensionales y la facilidad para integrarse con herramientas existentes convierten a Pentaho en una opción ideal para aquellas empresas que buscan potenciar sus estrategias de BI.

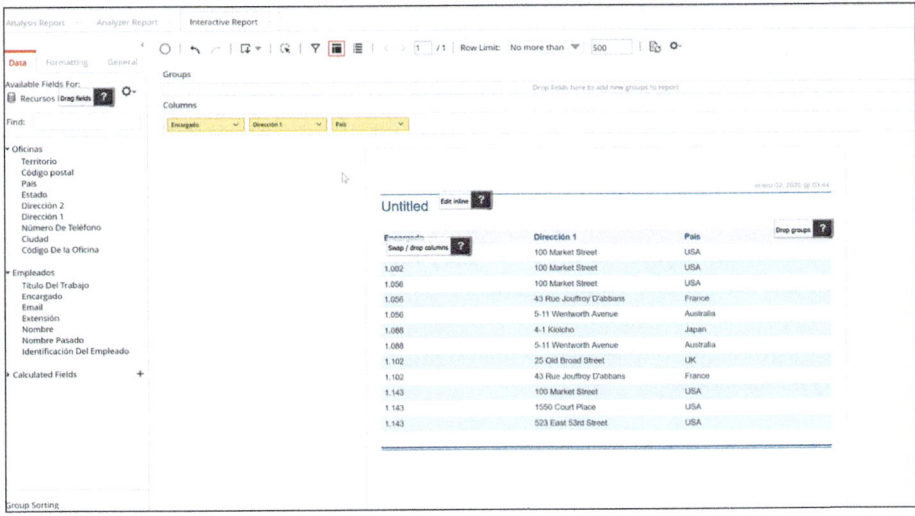

Integración de herramientas tecnológicas y técnicas

Además, como plataforma de inteligencia empresarial, Pentaho es capaz de evolucionar y mantenerse al día con las últimas tendencias tecnológicas, incluida la integración de las siguientes herramientas tecnológicas y técnicas:

Integración con inteligencia artificial
Pentaho es capaz de conectarse y trabajar con herramientas y servicios de IA. Esto es importante, puesto que permite a las empresas aprovechar el poder de la inteligencia artificial para analizar datos, identificar patrones, realizar predicciones y tomar decisiones todavía más informadas. Todo este trabajo incluye la integración con servicios en la nube como APIs de **procesamiento de lenguaje natural (NLP), reconocimiento de imágenes, análisis de sentimientos,** entre otros aspectos clave.

Integración con aprendizaje automático
Pentaho puede integrarse con herramientas y bibliotecas de aprendizaje automático para realizar tareas como la creación de modelos predictivos, clasificación de datos, *clustering* y recomendaciones personalizadas. Las empresas aplican algoritmos de ML a sus datos para obtener información útil y automatizar procesos de análisis y toma de decisiones.

Herramientas de la *suite*

Como se ha destacado, la ***suite* de Pentaho** es una potente solución empresarial que se apoya en la inteligencia de negocios y en soluciones que gestionan procesos como ETL, minería de datos, generación de informes, etc. Su principal objetivo es recolectar datos relevantes que se mostrarán en los cuadros de mando. Esto hace posible que se pueda hacer un seguimiento detallado del momento en cada proyecto empresarial, permitiendo tomar decisiones acertadas para alcanzar los objetivos establecidos.

Para lograrlo, la *suite* se divide en las siguientes herramientas con funciones muy específicas:

Pentaho *Aggregation Designer*
Proporcionar una interfaz sencilla que permite crear tablas de agregados a partir de niveles dentro de las dimensiones especificadas.

Pentaho *Data Integration*
Sistema de *Business Intelligence* que trata de ayudar a las empresas con la toma de decisiones por medio de procesos ETL.

Pentaho *Metadata Editor*
Permite crear modelos y dominios de metadatos.

Pentaho *Report Designer*
Sofisticada herramienta de creación de informes que se puede utilizar de forma independiente o como parte de la *suite* Pentaho.

Pentaho *Schema Workbench*
Interfaz de diseño que permite crear y probar visualmente esquemas de cubos OLAP de Mondrian.

IMPORTANTE

Pentaho ofrece un conjunto completo de herramientas tecnológicas que permiten recopilar, analizar y presentar datos de manera efectiva, ayudando a las empresas a tomar decisiones basadas en información de valor y alcanzar sus objetivos comerciales.

3.2. Pentaho Dashboard

Pentaho Dashboard es una herramienta poderosa dentro del conjunto de soluciones de *Business Intelligence* que ofrece Pentaho, diseñada para proporcionar una interfaz visual interactiva y personalizable para la presentación de datos. Esta herramienta permite a los usuarios crear paneles dinámicos y atractivos que facilitan la interpretación de información compleja y respaldan la toma de decisiones estratégicas.

Características de Pentaho Dashboard

Los aspectos clave que hacen de Pentaho Dashboard una pieza fundamental en el entorno dinámico de la inteligencia empresarial son los siguientes:

- **Interactividad y personalización.** Pentaho Dashboard ofrece funciones interactivas que permiten a los usuarios explorar datos de manera intuitiva. Los paneles son altamente personalizables, lo que permite adaptar la visualización a las necesidades específicas de cada usuario o equipo.
- **Conectividad con diversas fuentes de datos.** La herramienta se integra fácilmente con diversas fuentes de datos, incluyendo bases de datos relacionales, fuentes de datos NoSQL, archivos planos y servicios web. Esto proporciona flexibilidad para reunir información desde múltiples fuentes y crear informes consolidados.
- **Widgets y componentes visuales.** Pentaho Dashboard ofrece una amplia variedad de *widgets* y componentes visuales, como gráficos, tablas dinámicas, indicadores clave de rendimiento (KPI), y mapas. Estos elementos visuales facilitan la representación efectiva de datos complejos.
- **Programación de actualizaciones automáticas.** Los usuarios pueden programar la actualización automática de los datos en tiempo real. Esto garantiza que la información presentada en los paneles esté siempre actualizada y refleje la realidad del momento.
- **Soporte para integración de informes y análisis avanzado.** Pentaho Dashboard se integra de manera fluida con otras herramientas de la *suite* Pentaho, permitiendo la conexión con informes detallados y análisis avanzados generados previamente en Pentaho Report Designer y Pentaho Analyzer.

Beneficios de utilizar Pentaho Dashboard

Pentaho Dashboard se convierte en una herramienta esencial para aquellos que buscan no solo presentar datos de manera visualmente atractiva, sino también potenciar la toma de decisiones estratégicas dentro del entorno en movimiento que sugiere *Business Intelligence.* Algunos de los beneficios que aporta la utilización de esta plataforma son los siguientes:

Facilita la interpretación de datos complejos
Proporciona una representación visual efectiva de datos complejos, facilitando la interpretación y comprensión de información estratégica.

Mejora la colaboración y comunicación
La interfaz interactiva y la capacidad de personalización fomentan la colaboración entre equipos al permitir la creación de paneles adaptados a las necesidades específicas de cada usuario o departamento.

Agiliza la toma de decisiones
Al ofrecer información actualizada en tiempo real y funciones interactivas, Pentaho Dashboard contribuye a agilizar el difícil proceso de toma de decisiones.

Integración holística en el ecosistema Pentaho
Al formar parte del ecosistema Pentaho, se integra de manera eficiente con otras herramientas, proporcionando una solución integral para las necesidades de BI.

 **RECUERDA**

Las funciones interactivas de Pentaho Dashboard proporcionan a los usuarios la posibilidad de explorar datos de manera muy intuitiva, sin necesidad de tener conocimientos técnicos. Esto incluye filtros dinámicos, herramientas de perforación *(drill-down/drill-through)* y capacidades de exploración de datos que son realmente útiles para las empresas, puesto que permiten hacer consultas profundizando en los detalles de los datos según sea necesario.

4. Instalación de Pentaho Dashboard

👉 HILO CONDUCTOR

Después de entender los fundamentos *del Business Intelligence* y seleccionar Pentaho como su herramienta de análisis de datos, Marta, Carlos, Ana y Luis se enfrentaron al desafío de instalar y configurar Pentaho Dashboard. Con la ayuda de tutoriales y recursos en línea, el equipo logró implementar con éxito esta poderosa herramienta en su entorno de desarrollo. Estaban ilusionados por las posibilidades que abren ante ellos. Ya están listos para comenzar a crear paneles personalizados e impulsar su proyecto de realidad virtual.

El servidor de *Business Intelligence* de Pentaho o *Pentaho Data Integration,* es una aplicación desarrollada en el lenguaje de programación Java2EE. Es capaz de ayudar a administrar todos los recursos de la inteligencia empresarial.

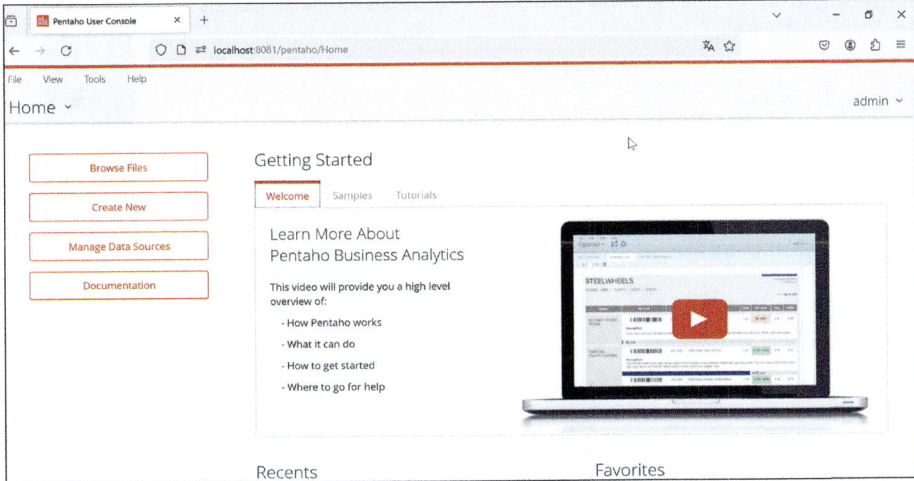

Ofrece una interfaz de usuario donde es posible encontrar todos los informes, vistas OLAP y paneles de control de la empresa.

4.1. Pentaho Community Edition

En la actualidad, tanto si tu sistema operativo es *Windows, Mac* o *Linux* puedes descargar escaneando el siguiente QR, la *suite* **Pentaho Developer Edition**. Este es el sitio oficial de la Comunidad de Hitachi Vantara empresa responsable del desarrollo de Pentaho.

https://redirectoronline.com/ifcd990400

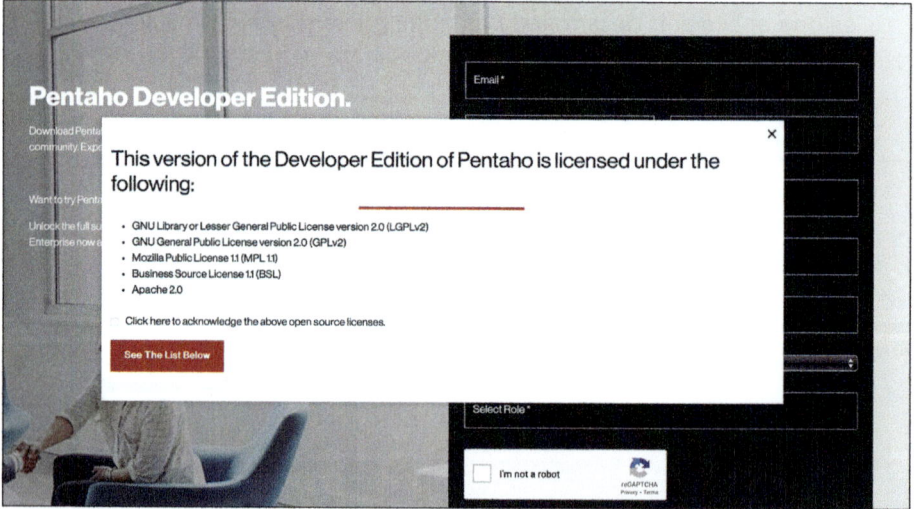

Listado de licencias Open Source bajo las que se desarrolla Pentaho Developer Edition. Fuente: Hitachi Vantara.

Una vez has procedido a pulsar el botón de descarga, podrás encontrar todas las herramientas de la *suite* disponibles para su descarga en la página. Solo necesitas desplazarte hacia abajo para visualizarlas y pulsar en **Descargar** en aquella que te interese. Si te fijas bien, en el cuadro superior de la pantalla te aparecerá la última versión de Pentaho, aunque puedes desplegar la pestaña y acceder a versiones anteriores.

Client Tools

pad-ce-10.2.0.0-222.zip	Pentaho Aggregation Designer	Download →
pdi-ce-10.2.0.0-222-hadoop-addon.zip	Pentaho Data Integration Hadoop addon assembly (contains features built on OSGi. For example big data driver)	Download →
pdi-ce-10.2.0.0-222.zip	Pentaho Data Integration (Base Install)	Download →
pentaho-big-data-plugin-10.2.0.0-222.zip	Pentaho Big data plugin to support Hadoop drivers	Download →
pme-ce-10.2.0.0-222-hadoop-addon.zip	Pentaho Metadata Editor Hadoop addon (support hive/impala connectivity as a datasource)	Download →
pme-ce-10.2.0.0-222.zip	Pentaho Metadata Editor (Base Install)	Download →
prd-ce-10.2.0.0-222-hadoop-addon.zip	Pentaho Report Designer Hadoop addon (support hive/impala connectivity as a datasource)	Download →
prd-ce-10.2.0.0-222.zip	Pentaho Report Designer (Base Install)	Download →
psw-ce-10.2.0.0-222.zip	Pentaho Schema Workbench	Download →

Other Tools

pre-classic-sdk-10.2.0.0-222.zip	Pentaho Reporting Engine Software Development Kit	Download →

Server

pentaho-server-ce-10.2.0.0-222.zip	Pentaho Server archive install assembly	Download →
pentaho-server-manual-ce-10.2.0.0-222.zip	Pentaho Server manual install assembly	Download →

Plugins

kettle-sdk-plugin-assembly-10.2.0.0-222.zip	Pentaho Data Integration Software Development Kit	Download →

Ventana de descarga de herramientas Pentaho. Fuente: Hitachi Vantara.

Durante el proceso de instalación puedes elegir los elementos que deseas incluir en tu sistema o dejar que la aplicación instale todas. Entre las opciones disponibles se encuentran:

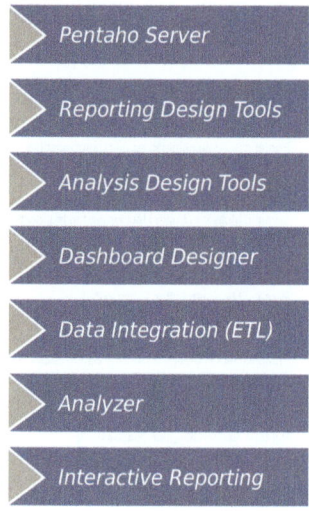

- Pentaho Server
- Reporting Design Tools
- Analysis Design Tools
- Dashboard Designer
- Data Integration (ETL)
- Analyzer
- Interactive Reporting

En este punto, selecciona aquellos componentes que quieras utilizar y continúa con el proceso de instalación. Dependiendo de las herramientas que hayas seleccionado, es posible que necesites configurar una base de datos para almacenar los metadatos y ajustes necesarios. Debido a ello, tendrás que seguir las indicaciones que te aparecen en la pantalla para completar esta configuración.

NOTA

No olvides que, tras la descarga, debes ejecutar el instalador y seguir las instrucciones que proporciona el asistente de instalaciones. Esto incluye también la aceptación de los términos de licencia. Una vez que hayas realizado este paso, la plataforma de Pentaho ya está lista para funcionar.

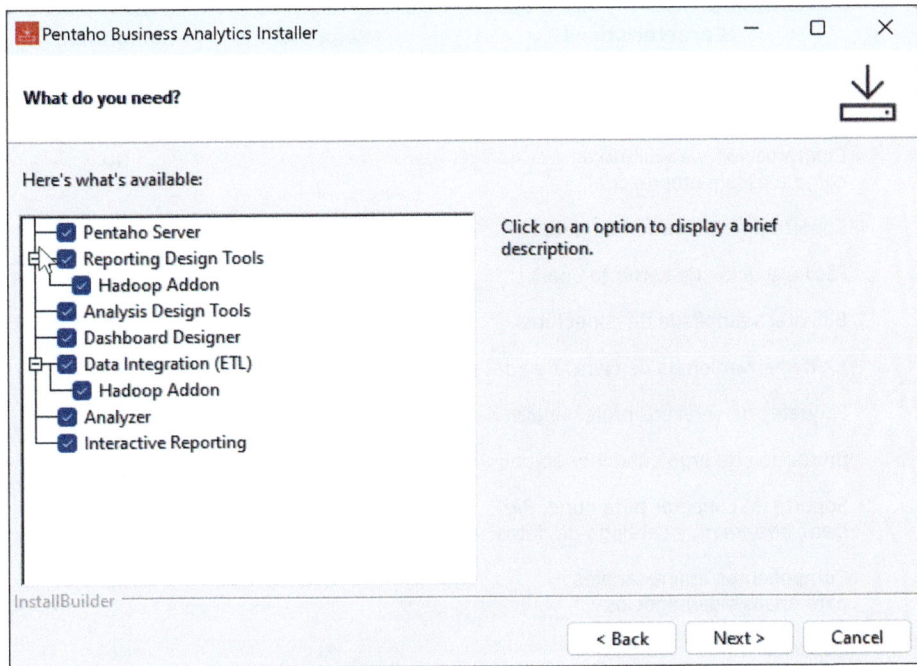

Selección de componentes en la instalación de Pentaho

4.2. Pentaho Enterprise Edition

Igualmente, puedes acceder a la versión de prueba de **Pentaho** *Enterprise Edition* escaneando el siguiente QR, mucho más completa que la que ofrece la versión de Pentaho *Developer Edition* y disfrutarla durante 30 días.

https://redirectoronline.com/ifcd990416

Características	Empresa Pentaho	Comunidad Pentaho
Desarrollo de tuberías sin código	Sí	Sí
Programación y equilibrio de carga a escala empresarial	Sí	No
Soporte de transmisión de datos	Sí	No
Fácil ejecución de Kettle to Spark	Sí	No
Biblioteca ampliada de conectores	Sí	No
Kit de herramientas de ciencia de datos	Sí	No
Paquetes de servicios profesionales	Sí	No
protección de propiedad intelectual	Sí	No
Soporte de conector para nube, *Big Data, streaming* y catálogo de datos	Sí	No
Componentes empresariales para análisis de negocios	Sí	No
Capacidades de informes	Sí	No
Consola de usuario Pentaho	Sí	Sí
Soporte de contenedores e hiperescalador	Sí	No
Inyección de metadatos a escala	Sí	Sí
Metaeditor completo	Sí	No
Asistente de fuente de datos	Sí	Sí
Banco de trabajo de esquemas	Sí	Sí
Estándar de cifrado avanzado (AES)	Sí	No
Opciones de soporte técnico	Disponibilidad 24/7, arquitecto asignado, tutoría	Foros, comunidad, vídeos instructivos
Calendario de lanzamiento	Lanzamientos principales, seguridad y parches mensuales	Solo lanzamientos importantes

Diferencias entre Pentaho Enterprise Edition y Pentaho Developer Edition. Fuente: Hitachi Vantara.

 **RECUERDA**

La edición comunitaria de Pentaho es una variante de *software* libre que cuenta con las funciones centrales de la plataforma, permitiéndose explorar sus capacidades básicas. Te brinda la posibilidad de realizar operaciones básicas de extracción, transformación y carga (ETL) con conjuntos de datos limitados.

5. Creación de paneles – Arquitectura Ctools

☞ **HILO CONDUCTOR**

Una vez completada la instalación de Pentaho Dashboard, Marta, Carlos, Ana y Luis se sumergieron en la creación de paneles utilizando la arquitectura Ctools. Con Eclipse como su plataforma de desarrollo, el equipo exploró las capacidades de Ctools para diseñar paneles interactivos y visualizaciones de datos dinámicas. Con cada componente agregado al panel, el grupo de emprendedores se acerca más a su objetivo: proporcionar una experiencia inmersiva y personalizada en su aplicación de realidad virtual.

Los **paneles en Pentaho Dashboard,** utilizando la **arquitectura Ctools,** permiten a los usuarios crear visualizaciones interactivas y personalizadas para analizar datos para la toma de decisiones estratégicas.

5.1. Arquitectura Ctools

La arquitectura Ctools proporciona un conjunto de herramientas flexibles y potentes que facilitan la creación de paneles altamente personalizables en Pentaho. En este contexto, es importante comprender los **conceptos clave,** los **pasos para crear paneles** y **cómo utilizar las diversas funcionalidades disponibles:**

1. **Arquitectura Ctools.** La arquitectura Ctools en Pentaho Dashboard hace referencia al conjunto de herramientas de código abierto que incluyen CDE *(Community Dashboard Editor)*, CDF *(Change Data Feed)*,

CDA *(Community Data Access)*, CCC *(Community Chart Components)*, entre otros recursos. Estas herramientas permiten la creación de paneles totalmente personalizables y dinámicos en Pentaho.

2. **Pentaho Dashboard.** Es una herramienta de visualización de datos que permite a los usuarios crear paneles interactivos y personalizados para analizar y presentar datos de forma más eficiente.

3. **Componentes de panel.** Los componentes del panel son los elementos individuales que componen un panel en Pentaho Dashboard. Los paneles suelen incluir elementos para propocionar una vista completa de los datos. Estos elementos son los gráficos, las tablas, filtros, indicadores de rendimiento clave (KPIs), mapas, etc.

Una vez que has instalado Pentaho en tu sistema, es momento de aprender cómo conectarlo a tus fuentes de datos para comenzar a trabajar con la información que necesitas analizar. Pentaho ofrece varias opciones para conectarse a diferentes fuentes de datos como, por ejemplo, bases de datos SQL, archivos CSV y fuentes en la nube.

Veamos a continuación cómo debe hacerse en cada caso:

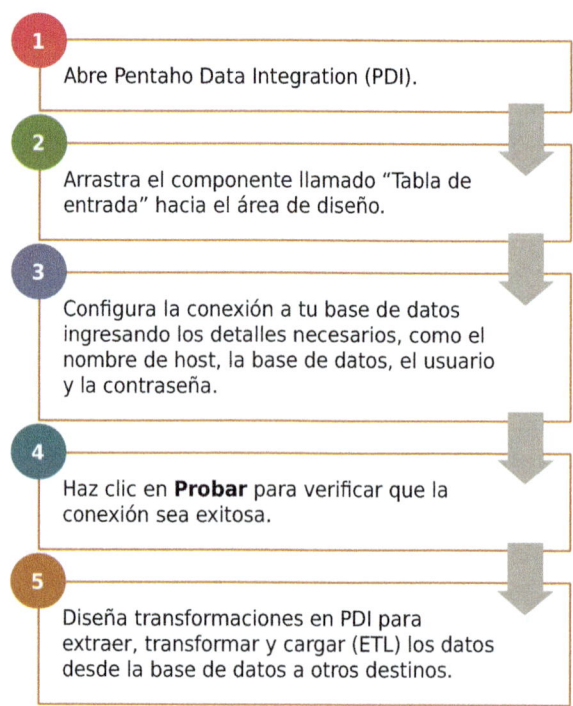

1 Abre Pentaho Data Integration (PDI).

2 Arrastra el componente llamado "Tabla de entrada" hacia el área de diseño.

3 Configura la conexión a tu base de datos ingresando los detalles necesarios, como el nombre de host, la base de datos, el usuario y la contraseña.

4 Haz clic en **Probar** para verificar que la conexión sea exitosa.

5 Diseña transformaciones en PDI para extraer, transformar y cargar (ETL) los datos desde la base de datos a otros destinos.

Ya sabes cómo llevar a cabo en Pentaho la conexión a bases de datos SQL.

A continuación, puedes averiguar cómo es el proceso de importación de datos desde archivos CSV:

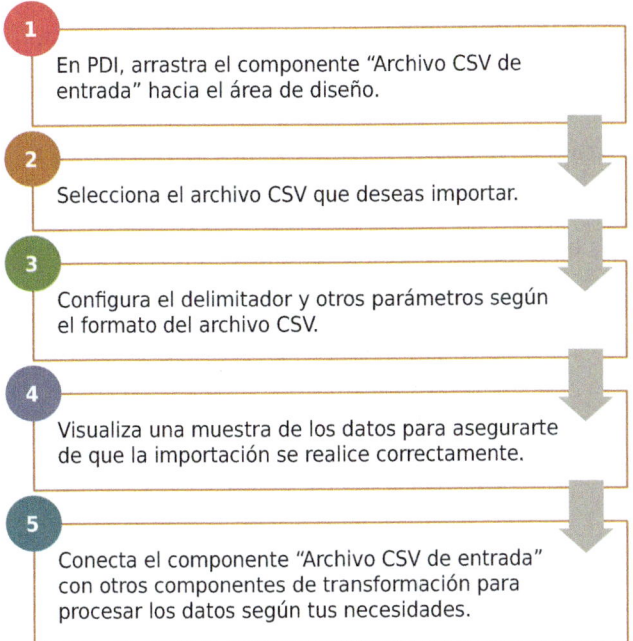

1 En PDI, arrastra el componente "Archivo CSV de entrada" hacia el área de diseño.

2 Selecciona el archivo CSV que deseas importar.

3 Configura el delimitador y otros parámetros según el formato del archivo CSV.

4 Visualiza una muestra de los datos para asegurarte de que la importación se realice correctamente.

5 Conecta el componente "Archivo CSV de entrada" con otros componentes de transformación para procesar los datos según tus necesidades.

También es posible que necesites integrar Pentaho Data Integration (PDI) con fuentes de datos alojadas en la nube. Si es así, presta atención a continuación a la solución que te ofrece esta *suite:*

➲ **Integración con fuentes de datos en la nube.** Pentaho ofrece conectores y plugins para integrarse con fuentes de datos en la nube como, por ejemplo, AWS, GCP o Azure. Consulta la documentación del conector que desees utilizar y proporciona las credenciales necesarias para establecer la conexión segura con tus servicios basados en la nube.

PDI, también conocido como **Kettle,** es una herramienta poderosa para la transformación y el procesamiento de datos.

Para crear una transformación de datos en PDI sigue los pasos que se describen a continuación:

1. Abre PDI y crea un nuevo archivo de transformación.
2. Arrastra los componentes para definir las etapas de tu transformación, como la extracción de datos, las transformaciones y la carga en el destino.

3. Configura cada componente según tus necesidades, utilizando transformaciones, filtros, búsquedas y otras operaciones para manipular los datos.
4. Ejecuta la transformación y verifica los resultados para asegurarte de que los datos sean procesados correctamente.

 SABÍAS QUE...

Kettle es una plataforma de integración de datos que permite realizar tareas de ETL, es decir, extraer datos de diversas fuentes, transformarlos según sea necesario y cargarlos en una base o almacén de datos para su posterior análisis. Esta herramienta ofrece una interfaz gráfica intuitiva que permite a los usuarios diseñar y ejecutar flujos de trabajo para manejar grandes volúmenes de datos de manera eficiente.

5.2. Instalar y usar Kettel *(Pentaho Data Integration)* utilizando *Google Sheets*

A continuación, vas a aprender a instalar y usar Kettel *(Pentaho Data Integration)* utilizando un *plugin* que te permitirá obtener y grabar datos de una hoja de cálculo. Se trata de *Google Sheets*.

Para proceder, sigue cada uno de los pasos que se indican a continuación:

⮑ **Paso 1.** Abre PDI y selecciona **Tools → Marketplace** tal como se muestra en la imagen.

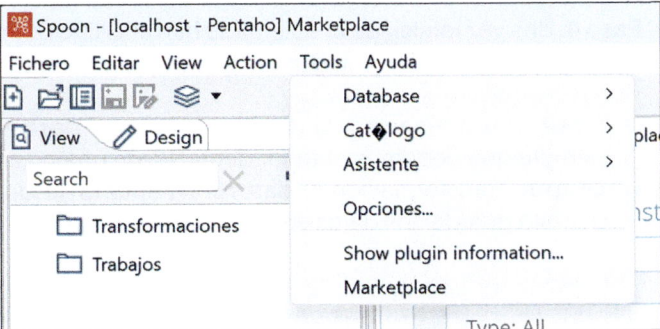

● **Paso 2.** Dirígete a *Google Sheets* e instala el plugin *Pentaho Google Sheets Plugin.*

Una vez instalado, observarás que se abre una ventana en la que deberás pulsar **OK.**

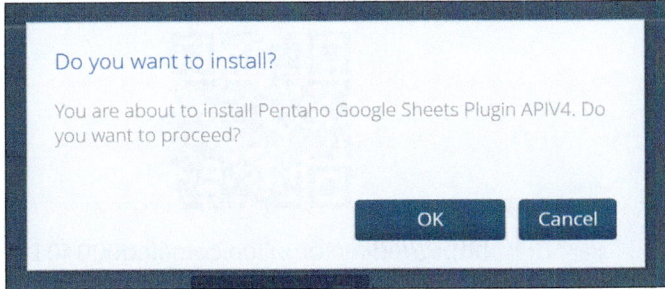

● **Paso 3.** Una vez instalado, deberás reiniciar el programa para que recoja los cambios efectuados.

⊃ **Paso 4.** Una vez reiniciado el sistema se han añadido dos nuevos pasos al programa relacionados con *Google Sheets* (Hoja de cálculos de *Google)*:

○ **Input.** Transformación de datos con Pentaho desde *Google Sheets:* permite que podamos obtener datos desde una hoja de cálculos.
○ **Output.** Transformación de datos con Pentaho desde *Google Sheets:* permite guardar los datos en una hoja de cálculos.

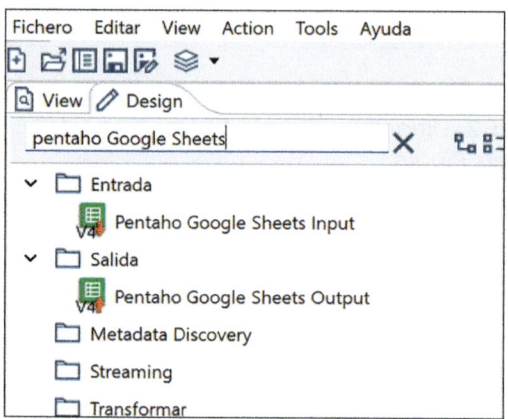

Una vez realizados los pasos previos, ya es posible configurar *Google Cloud,* para ello, sigue estas instrucciones:

⊃ **Paso 1.** Dirígete al sitio de administración IAM (Gestión de Identidades y Accesos) que encontrarás escaneando el siguiente QR:

https://redirectoronline.com/ifcd990401

La **Gestión de Identidades y Accesos (IAM)** en *Google Cloud* permite a los administradores controlar quién tiene permiso para acceder a qué recursos. Esto significa que pueden decidir quiénes pueden usar ciertos servicios y aplicaciones en la nube, lo que brinda un control completo sobre el acceso a los recursos de la empresa. IAM ofrece una visión centralizada de las políticas de seguridad en toda la organización. Esto es especialmente útil para empresas con una estructura organizativa compleja, varios equipos y muchos proyectos en marcha. Debe saberse que proporciona funciones de auditoría para facilitar el cumplimiento de las normativas de seguridad y privacidad.

● **Paso 2.** Añade tu nuevo proyecto:

Haz clic donde señala la imagen, después tendrás que darle nombre a tu proyecto y pulsar **Crear Proyecto.** Como ejemplo, puedes poner de nombre PDI-Google-Sheets.

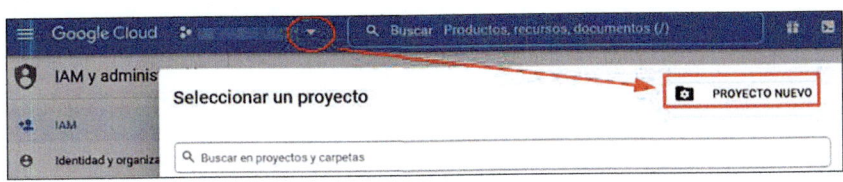

● **Paso 3.** Selecciona el proyecto:

● **Paso 4.** Ahora, en el **panel IAM y administración,** tienes que pulsar en **Crear cuenta de servicio** a fin de poder representar una identidad de servicio en la plataforma de *Google Cloud.* Estas cuentas se utilizan para acceder a los recursos y servicios de *Google Cloud* de manera programática, en lugar de hacerlo mediante una cuenta de usuario tradicional. Las cuentas de servicio son útiles en entornos donde se necesitan procesos automatizados o aplicaciones para interactuar con los servicios en la nube de *Google,* ya que proporcionan una identidad segura y controlada para estas interacciones. Al crear una cuenta de servicio se generan credenciales especiales que se pueden utilizar para autenticar las solicitudes de acceso a los recursos de *Google Cloud.*

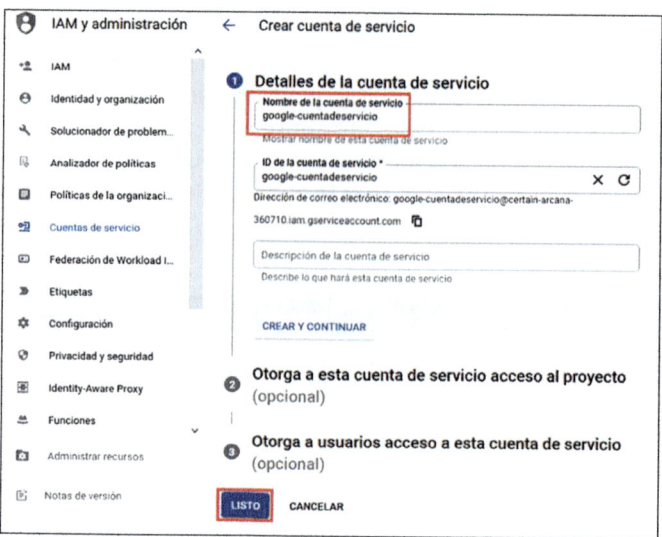

- **Paso 5.** Para continuar, solo debes asignar un nombre, por ejemplo, puedes utilizar el nombre **google-cuentadeservicio** para luego hacer clic en **Crear y continuar.**

  A partir de aquí se creará una cuenta de servicio de correo electrónico (google-cuentadeservicio), donde aún no existe ID de clave. Este será el siguiente paso. Esta cuenta de correo la utilizarás con posterioridad.

- **Paso 6.** Para crear la clave deberás pulsar encima del correo electrónico, ahí conseguirás ver ciertos detalles como **Agregar Clave.**

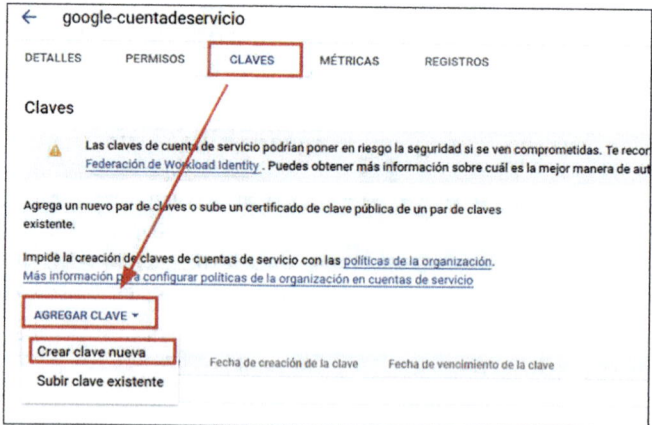

- **Paso 7.** Es el momento de crear una clave privada, por lo tanto, toca seleccionar el tipo de clave JSON. Con ello, podrás descargar la clave privada contenida el archivo. Pulsar en **Crear** para que pueda ser descargado dicho archivo.

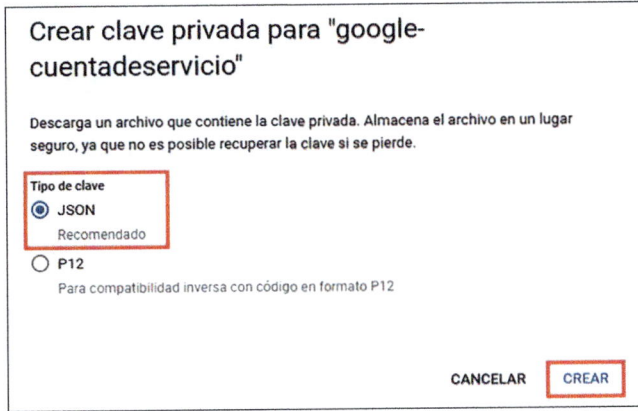

➲ **Paso 8.** Una vez tengas acceso al archivo .json deberás renombrarlo, utiliza el nombre client-secret.json y, seguidamente, guárdalo en el disco: **C:\Users\<user>\.kettle\client_secret.json**

➲ **Paso 9.** Ahora escanea el siguiente QR:

https://redirectoronline.com/ifcd990417

Ahí podrás habilitar *Google Sheets API* con el fin de acceder y manipular datos en hojas de cálculo de *Google Sheets* de manera programática. Esto significa que las aplicaciones pueden leer, escribir y modificar datos en hojas de cálculo de *Google Sheets* utilizando la API. Por ejemplo, una aplicación puede automatizar la actualización de datos en una hoja de cálculo o extraer información específica para su posterior procesamiento. Al habilitar la API, se otorgan permisos a la aplicación para interactuar con las hojas de cálculo de *Google Sheets* de manera segura y controlada.

⮌ **Paso 10.** Posteriormente, escanea el siguiente QR para habilitar *Google Drive API:*

https://redirectoronline.com/ifcd990402

Habilitar *Google Drive API* permite a las aplicaciones acceder y manipular archivos almacenados en *Google Drive* de forma programática. O lo que es lo mismo, permite que las aplicaciones pueden crear, leer, modificar y eliminar archivos en *Google Drive* utilizando esta API. Al habilitar la API se otorgan permisos a la aplicación para interactuar con los archivos y carpetas en Google Drive de forma segura y con control. Esto es útil para automatizar tareas relacionadas con el almacenamiento y la gestión de archivos, como la creación de copias de seguridad automáticas, la sincronización de datos o la generación de informes basados en archivos almacenados en *Google Drive*.

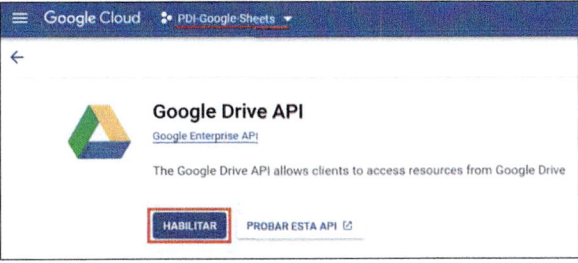

Este paso es necesario específicamente para realizar el paso "Pentaho Google Sheets Output" porque este componente de *Pentaho Data Integration* (PDI) está diseñado para interactuar directamente con *Google Sheets API*. Para que el componente pueda acceder y manipular las hojas de cálculo en *Google Sheets* necesita tener la autorización adecuada en nombre del usuario o del servicio que lo está ejecutando. Habilitar la *Google Sheets API* y crear las credenciales de autenticación correspondientes proporciona esta autorización y permite que el paso "Pentaho Google Sheets Output" funcione correctamente. Sin esta autorización, el componente no podrá conectarse ni interactuar con *Google Sheets* de manera segura y controlada.

➲ **Paso 11.** Una vez realizado el paso 10, avanza abriendo la hoja de cálculo a través de la cual pretendes obtener los datos. Es decir, llevarás a cabo el proceso Input: transformación de datos con Pentaho desde *Google Sheets.* Luego, pulsa en **Compartir** y añade la dirección de correo electrónico que obtuviste en pasos anteriores.

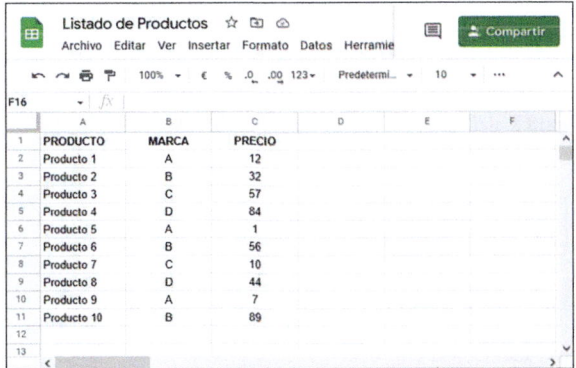

⊃ **Paso 12.** Crea una nueva transformación de datos para añadir el paso señalado Input.

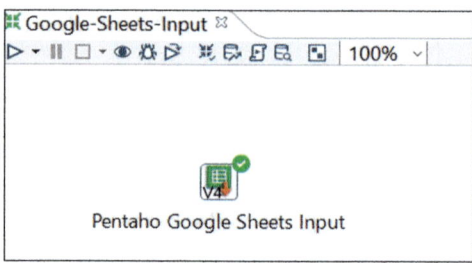

⊃ **Paso 13.** Para hacer la configuración de Pentaho Google Sheets Input utiliza este atajo:
${user.home}/.kettle/client_secret.json

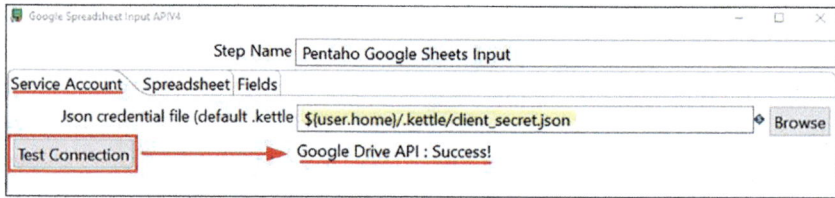

Si pulsas "Spreadsheet" → "Spreadsheet Key" podrás obtener la URL de la hoja de cálculo:

↻ Ejemplo:

"https://docs.google.com/spreadsheets/d/<Spreadsheet Key>/edit#gid=0".

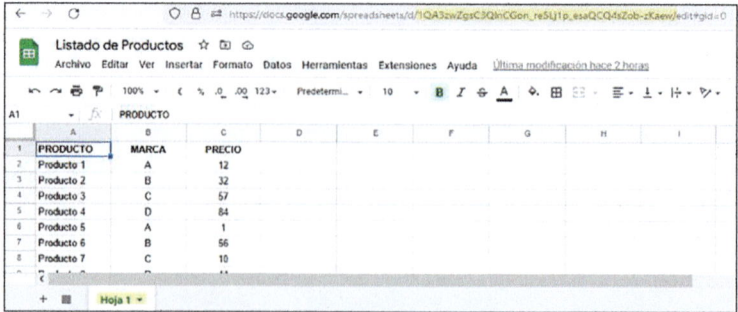

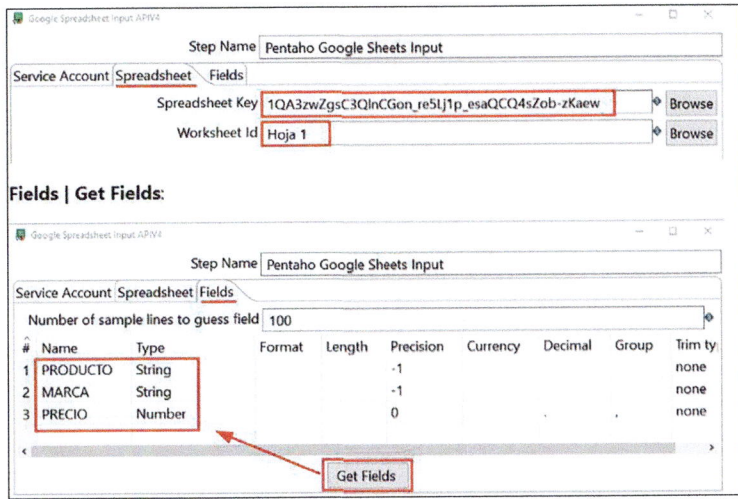

● **Paso 14.** No debes olvidar pulsar **Get Fields** para que se produzcan los cambios. Después hay que proceder a ejecutar el proceso de transformación para comprobar el resultado.

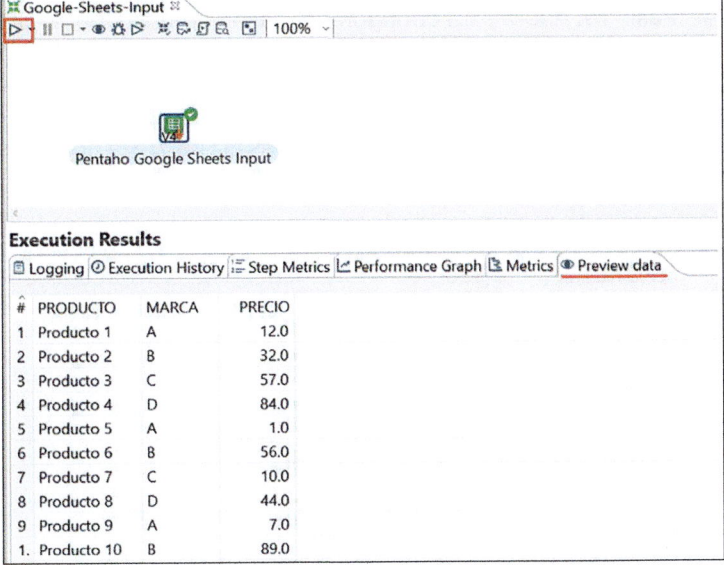

⊃ **Paso 15.** Ahora avanzarás con el proceso Output: transformación de datos con Pentaho desde *Google Sheets.* Esto permitía guardar los datos en una hoja de cálculos.

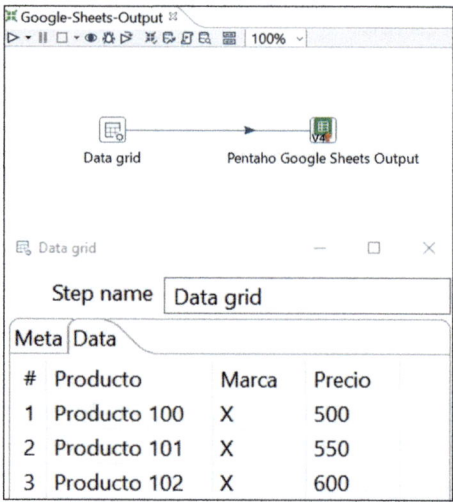

⊃ **Paso 16.** Ahora toca configurar el paso Pentaho Google Sheets Output. Utiliza el ejemplo para realizarlo:
Pulsa "Service Account" → "Json credential file y obtendrás *${user.home}/. kettle/client_secret.json.* Además, si pulsas la pestaña "Spreadsheet", y luego "Spreadsheet Key" conseguirás la URL de la hoja de cálculo:

◖ Ejemplo:

"https://docs.google.com/spreadsheets/d/<Spreadsheet Key>/ edit#gid=0".

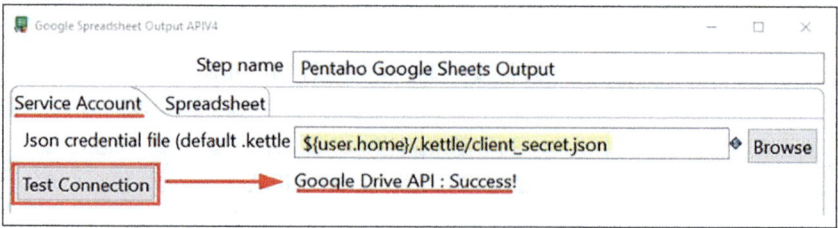

Pulsa "Spreadsheet" → "Spreadsheet Key" para habilitar que tus datos sean añadidos al final de tu lista de lo contrario, conseguirás que se reemplacen esos nuevos datos en toda la hoja.

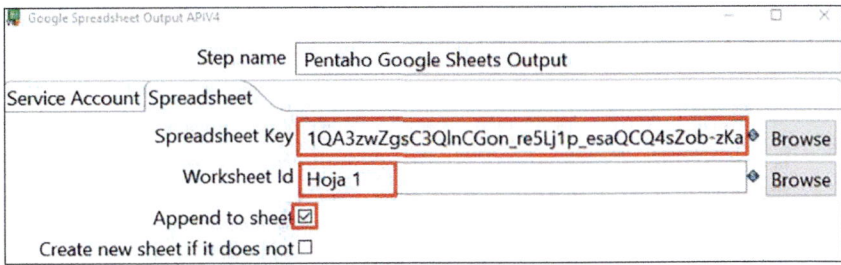

NOTA

Si se muestra un texto en el que se indica que la nueva hoja no existe, eso significa que el funcionamiento es incorrecto, por lo que es un buen indicador de que la hoja debe crearse previamente con esos datos almacenados.

◗ **Paso 17.** Para terminar, solo falta llevar a cabo la ejecución de la transformación y visualizar el resultado.

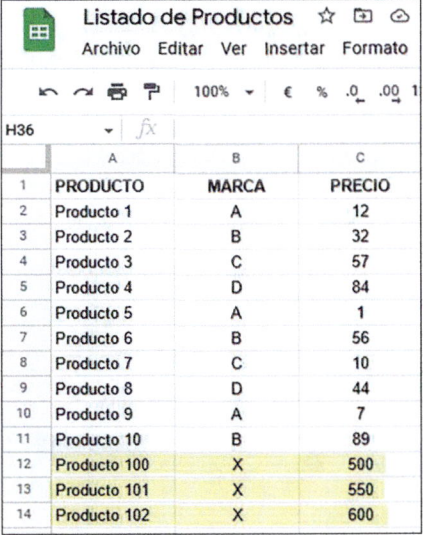

Acabas de aprender a instalar y usar Kettel *(Pentaho Data Integration) utilizando un plugin* que te permitirá importar y exportar datos de una hoja de cálculo.

TAREA 1

En una empresa de análisis de datos llamada DataInsight, el equipo de BI está trabajando en la creación de un panel de control para visualizar métricas clave de ventas y rendimiento de *marketing.* Se decide utilizar Pentaho como plataforma para desarrollar este panel, ya que ofrece flexibilidad y capacidades avanzadas de visualización de datos.

Para incorporar datos actualizados de ventas y *marketing* en tiempo real, el equipo emplea una hoja de cálculo de *Google Sheets* como fuente de datos. Esto les permite a los diferentes departamentos de la empresa actualizar y mantener fácilmente los datos relevantes en la hoja de cálculo compartida.

En base a ello, indica de forma concreta cuál sería el proceso para incorporar los datos de *Google Sheets* en Pentaho utilizando Kettle como herramienta de integración de datos de Pentaho.

5.3. Creación de paneles en Pentaho Dashboard y funcionalidades

La creación de paneles en Pentaho Dashboard es un proceso fundamental para poder visualizar y analizar datos de manera más avanzada en entornos empresariales.

Estos paneles proporcionan una interfaz y personalizable que permite a cualquier usuario autorizado acceder y comprender rápidamente la información clave de la empresa, necesaria para la toma de decisiones estratégicas. Por ello es tan importante comprender los pasos básicos para crear paneles en Pentaho Dashboard, ya que garantiza la creación de visualizaciones de forma clara y precisa para cubrir las necesidades específicas de cada organización.

👁 EJEMPLO

Supón que queremos crear un panel de análisis de ventas para una empresa minorista. Utilizando la arquitectura Ctools en Pentaho Dashboard, podemos crear un panel que incluya gráficos de barras para mostrar las ventas por producto, una tabla que detalle las ventas por región y un filtro interactivo para seleccionar el periodo de tiempo de análisis.

El tablero CDE *(community dashboard editor)* en Pentaho sirve para diseñar y crear paneles de control interactivos y personalizables. Estos paneles de control permiten visualizar datos de manera dinámica y comprensible, facilitando la toma de decisiones basadas en datos de valor. Con el tablero CDE, los usuarios pueden agregar una variedad de componentes, como son los gráficos, tablas, indicadores clave de rendimiento (KPI), mapas y mucho más, para representar visualmente los datos de interés.

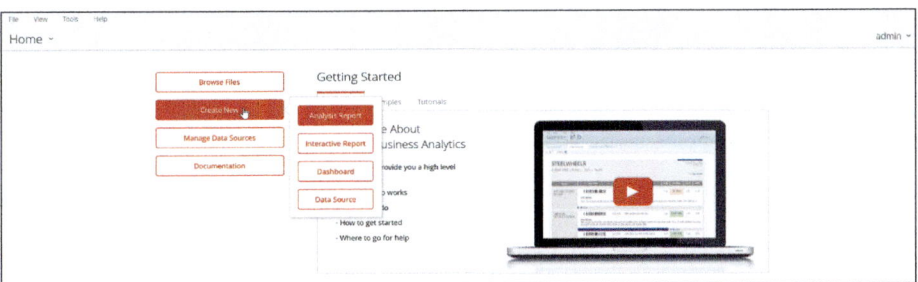

El tablero CDE ofrece la flexibilidad de ajustar el diseño y el formato de acuerdo con las necesidades específicas de cada usuario o equipo, por lo que es una herramienta de gran valor para la creación de paneles de control personalizados que ayudan a analizar y entender mejor los datos empresariales.

Para acceder al tablero CDE, desde la interfaz de usuario de Pentaho, busca la opción que te permita crear o editar paneles de control, y allí podrás acceder al tablero CDE. Si no lo encuentras de inmediato es posible que necesites instalar o habilitar esta herramienta desde la configuración de Pentaho. En ese tablero puedes, además de crear el *dashboard,* hacer el diseño de la estructura, así como elegir los gráficos en función de las necesidades y llevar a cabo la configuración de consultas.

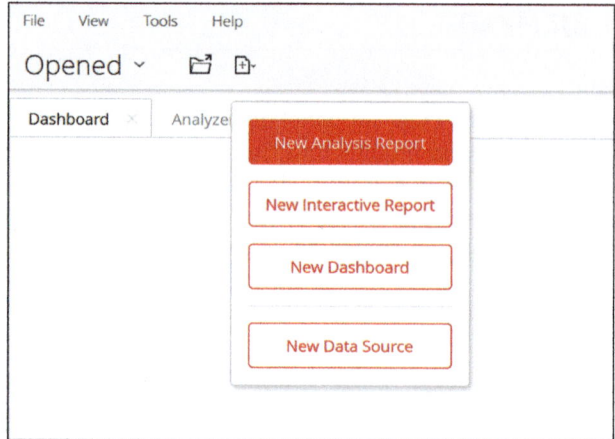

Menú de opciones para generar los informes del dashboard

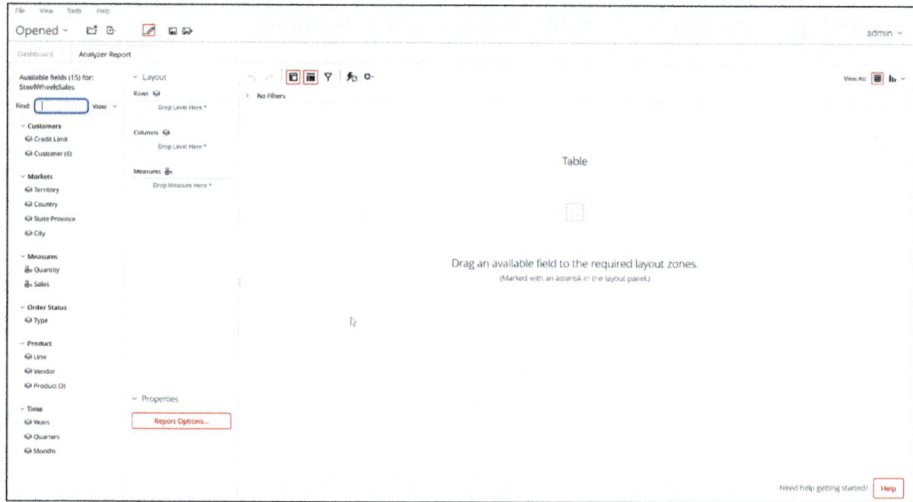

Panel de selección de datos para generar el dashboard. Fuente Pentaho.

Panel de selección de datos para generar los informes

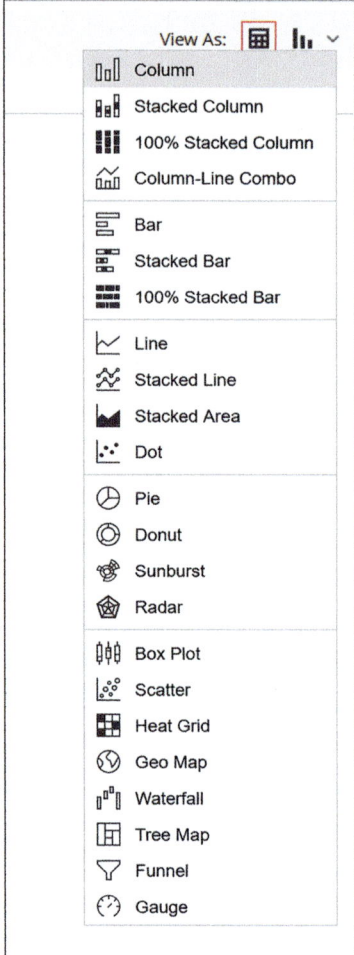

Distintos tipos de gráficos ofrecidos por Pentaho Dashboard para representar los datos.

Los pasos principales para crear paneles en Pentaho Dashboard, que van desde la configuración inicial, hasta la implementación de funcionalidades avanzadas, son los siguientes:

Configuración del entorno
Asegúrate de tener instalada la *suite* Pentaho y tener configurada correctamente esta herramienta para utilizar la arquitectura Ctools.

Continúa en página siguiente >>

<< Viene de página anterior

Creación de un nuevo panel
Utiliza el CDE *(community dashboard editor)* para crear un nuevo panel. Define el diseño del panel y añade los componentes necesarios, como gráficos y tablas.

Configuración de fuentes de datos
Utiliza el CDA *(community data access)* para configurar las fuentes de datos que alimentarán los componentes del panel. Puedes conectarte a bases de datos, archivos CSV, servicios web, etc.

Diseño y personalización
Utiliza las opciones de diseño y personalización disponibles en el CDE para ajustar la apariencia y el comportamiento de los componentes del panel. Esto implica la configuración de colores, estilos, tamaños y comportamientos interactivos.

Implementación de funcionalidades avanzadas
Utiliza las funcionalidades avanzadas disponibles en la arquitectura Ctools, como la integración de **scripts JavaScript,** la creación de acciones dinámicas y la implementación de lógica personalizada para mejorar la funcionalidad del panel.

Si has observado bien, una vez que has preparado tus datos y los hayas transformado según tus necesidades, llega el momento de presentar la información de una manera dinámica y visualmente atractiva. Pentaho Report Designer es la herramienta perfecta para esta tarea, ya que te permite crear informes profesionales para destacar los elementos más relevantes de tus datos.

Con Pentaho Report Designer no tendrás problema en diseñar informes profesionales muy visuales que te ayudarán a comunicar eficazmente tus datos a las personas responsables en la toma de decisiones, así como a otras personas interesadas en el proyecto.

Para contextualizar lo aprendido sobre la creación de paneles en Pentaho Dashboard presta atención al siguiente ejemplo.

👁 EJEMPLO

Imagina que eres la gerente de ventas de una empresa de productos electrónicos y necesitas presentar un informe sobre el rendimiento de ventas del último trimestre a la junta directiva. Utilizando Pentaho Report Designer podrías crear un informe que incluya lo siguiente:

- Una tabla que muestre las ventas totales por categoría de productos (por ejemplo, teléfonos móviles, tabletas, ordenadores portátiles, etc.).
- Un gráfico de barras que compare las ventas del último trimestre con las del trimestre anterior para resaltar las tendencias de crecimiento o declive.
- Una sección de texto que destaque los productos más vendidos y los que tuvieron un rendimiento inferior durante el periodo.
- Gráficos circulares o de pastel que ilustren la distribución de ventas por región geográfica.
- Imágenes de productos o logotipos de la empresa para darle un toque visual adicional al informe.

Al utilizar Pentaho Report Designer puedes personalizar el diseño y el estilo de cada elemento del informe para que sea visualmente atractivo y fácil de entender. Esto te ayudará a comunicar eficazmente la información sobre el rendimiento de ventas a la junta directiva y a otras partes interesadas en el proyecto.

6. Personalización de informes interactivos

👉 HILO CONDUCTOR

Impulsados por su pasión por la innovación y la excelencia, Marta y sus compañeros se dedicaron a personalizar informes interactivos dentro de su Pentaho Dashboard. Utilizando Java y Eclipse como herramientas principales, el equipo exploró formas de agregar interactividad y dinamismo a sus informes. Saben que esto les permitirá explorar datos de manera intuitiva y obtener información valiosa. Con cada elemento personalizado, el equipo se acercaba más a su visión de ofrecer una experiencia única en su aplicación de realidad virtual.

En Pentaho es posible crear y personalizar informes interactivos gracias a muchas herramientas. Una de ellas es STDashboard de LinceBI.com. Esta herramienta, que es gratuita y de código abierto, puede ser añadida a la plataforma Pentaho o utilizada en tu propia aplicación. Para aprender cómo hacerlo y ver el resultado, puedes consultar el siguiente vídeo tutorial.

 **VÍDEO**

En este vídeo, disponible en el canal de *Youtube* de Stratebi, aprenderás cómo utilizar la herramienta STDashboard de LinceBI.com para personalizar y crear informes interactivos en la plataforma Pentaho. Recuerda que esta herramienta es gratuita y de código abierto. Podrás llevar tus presentaciones de datos al siguiente nivel.

https://redirectoronline.com/ifcd990403

7. Adaptación continua en un entorno cambiante de desarrollo de BI y análisis de datos

☞ **HILO CONDUCTOR**

Ya con paneles e informes interactivos, Marta, Carlos, Ana y Luis reconocen la importancia de la adaptación continua en un entorno cambiante de desarrollo de BI y análisis de datos. Adquieren el compromiso de mantenerse al tanto de las últimas tendencias y tecnologías en *Business Intelligence* para asegurar que su aplicación de realidad virtual pueda ser relevante para su mercado objetivo. Con un enfoque en el aprendizaje continuo y en la mejora iterativa, el equipo ya está listo para enfrentarse a cualquier desafío que se les presente en este emocionante viaje tecnológico que comenzó hace muy poco.

Adaptar los nuevos conocimientos sobre un proyecto de desarrollo de BI para el análisis y la exploración de datos, atendiendo a las actualizaciones de los lenguajes de desarrollo como, por ejemplo, las de Java, implica estar al tanto de las tendencias y avances en el campo de la tecnología y saber cómo aplicarlos eficazmente en el entorno cambiante de desarrollo de *software*.

Para conseguir estar en esta línea o corriente de adaptación se sugieren las siguientes estrategias:

- **Mantenerse actualizado.** Es fundamental seguir de cerca las actualizaciones y tendencias en los lenguajes de desarrollo y las herramientas de análisis de datos. Suscribirse a blogs, participar en comunidades en línea, asistir a conferencias y cursos de formación son formas de mantenerse actualizado. Por ejemplo, si estás trabajando en un proyecto de desarrollo de BI y notas que hay una nueva versión de tu lenguaje de programación preferido que incluye mejoras de rendimiento y nuevas características de sintaxis, podrías investigar cómo estas actualizaciones podrían beneficiar tu proyecto y considerar la posibilidad de implementarlas.

- **Experimentar con nuevos tecnologías.** No tengas miedo de experimentar con nuevas tecnologías y herramientas que puedan mejorar tu proceso de desarrollo y análisis de datos. Esto podría implicar probar nuevas bibliotecas, *frameworks* o plataformas de análisis de datos. Por ejemplo, si estás desarrollando un sistema de visualización de datos para tu proyecto de BI y notas que hay una nueva biblioteca de gráficos que ofrece una mejor renderización y más opciones de personalización, podrías experimentar con ella en un entorno de desarrollo controlado para evaluar su idoneidad para tu proyecto.

- **Participar en proyectos de código abierto.** Contribuir a proyectos de código abierto relacionados con el análisis de datos y el desarrollo de BI es una excelente manera de aprender sobre nuevas tecnologías y prácticas en un entorno colaborativo. Por ejemplo, si estás interesado en aprender sobre análisis de datos en tiempo real, podrías contribuir a un proyecto de código abierto que desarrolla herramientas de procesamiento de datos en tiempo real, como Apache Kafka o Apache Flink.

- **Buscar retroalimentación y aprender de otros.** No subestimes el valor de obtener retroalimentación de tus compañeros de equipo, colegas y la comunidad en general. Aprender de las experiencias y perspectivas de otros puede ayudarte a expandir tus conocimientos y mejorar tus habilidades. Por ejemplo, si estás trabajando en un proyecto de desarrollo de BI y te encuentras con un desafío técnico podrías buscar la opinión de tus colegas o publicar en un foro en línea para obtener ideas y soluciones alternativas.

- **Seguir con programas de formación.** La educación continua es clave para mantenerse al día en un entorno tecnológico en constante cambio.

Considera la posibilidad de realizar cursos en línea, obtener certificaciones relevantes o inscribirte en programas de capacitación profesional para mejorar tus habilidades y conocimientos. Por ejemplo, si estás interesado en aprender sobre técnicas avanzadas de análisis de datos, podrías inscribirte en un curso en línea que cubra temas como aprendizaje automático, el análisis predictivo o la minería de datos.

 CONSEJO

Adaptar los nuevos conocimientos y los análisis de datos sobre un proyecto de desarrollo de BI a un entorno cambiante requiere un esfuerzo continuo para estar al tanto de las últimas tendencias y avances tecnológicos, experimentar con nuevas herramientas y tecnologías, participar en proyectos de código abierto, buscar retroalimentación y continuar con una formación continua. Estas estrategias te ayudarán a mantener y desarrollar tus habilidades y adquirir conocimientos actualizados. Además, podrás ampliar tu perfil profesional en el campo del desarrollo de *software* y análisis de datos, profesiones en auge.

 TAREA 2

Una cadena de supermercados con múltiples sucursales se enfrenta a desafíos en la gestión de inventario. Experimenta problemas como exceso de *stock* en algunos productos, escasez en otros, y dificultades para anticipar la demanda en diferentes ubicaciones y temporadas.

El objetivo es:

Implementar un proyecto de desarrollo de BI y análisis de datos para optimizar la gestión de inventario y mejorar la eficiencia operativa en todas las sucursales de la cadena de supermercados.

El esfuerzo estaría orientado a:

1. Implementar un sistema para recopilar datos de ventas diarias, niveles de inventario, histórico de ventas, comentarios de clientes y datos geoespaciales (ubicación de tiendas y densidad demográfica).

Continúa en página siguiente >>

<< Viene de página anterior

2. Utilizar una plataforma de datos que pueda almacenar y procesar grandes volúmenes de datos estructurados, no estructurados, semiestructurados, en tiempo real, de series temporales y geoespaciales.

3. Analizar datos de ventas para identificar patrones de demanda, tendencias estacionales y variaciones geográficas. Utilizar análisis predictivos para anticipar la futura demanda de productos en cada ubicación. Analizar comentarios de clientes para identificar tendencias, preferencias y áreas de mejora en el surtido de productos y servicios. Integrar datos geoespaciales para optimizar la distribución de inventario según la ubicación de las tiendas y la densidad demográfica de las áreas circundantes.

4. Crear paneles de control interactivos y visualizaciones de datos que permitan a los o las gerentes de tienda y al equipo de gestión visualizar fácilmente los indicadores clave de rendimiento (KPIs), tendencias de ventas, niveles de inventario y comentarios de la clientela.

En base a ello, identifica y explica los beneficios de implementar un proyecto de desarrollo BI, para el análisis y la explotación de datos.

8. Resumen

Una plataforma de datos proporciona el marco necesario para que las organizaciones gestionen sus datos de forma efectiva, desde su adquisición hasta su análisis, con el objetivo final de generar información valiosa para impulsar la toma de decisiones estratégicas.

Los datos gestionados en una plataforma de datos pueden clasificarse en:

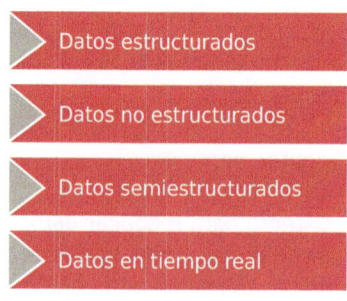

Datos estructurados

Datos no estructurados

Datos semiestructurados

Datos en tiempo real

Continúa en página siguiente >>

<< Viene de página anterior

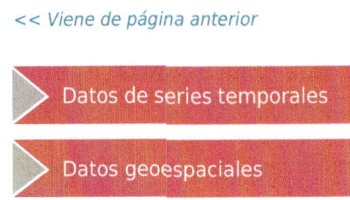

Datos de series temporales

Datos geoespaciales

A lo largo del contenido se han abordado los aspectos clave relacionados con el uso de Pentaho en el ámbito del *Business Intelligence* (BI). Se ha comenzado destacando la importancia del BI en la toma de decisiones estratégicas basadas en datos y se ha explorado cómo Pentaho facilita este proceso.

La *suite* de Pentaho, es una plataforma de datos que proporciona el marco necesario para que las organizaciones gestionen con eficacia sus datos. El objetivo es transformar los datos en información valiosa que permita dar impulso a las organizaciones, ganando así competitividad y tiempo de reacción en la toma de decisiones estratégicas. Pentaho consigue transformar los datos en información de valor de la siguiente manera:

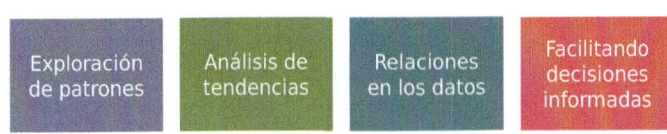

Exploración de patrones | Análisis de tendencias | Relaciones en los datos | Facilitando decisiones informadas

Pentaho Dashboard es una herramienta fundamental en el ecosistema Pentaho. Con esta herramienta es posible la creación de paneles utilizando la arquitectura Ctools, con énfasis en la integración de *Pentaho Data Integration (Kettle)* y *Google Sheets* para la generación de informes interactivos.

Algunos beneficios que aporta la utilización de esta plataforma son:

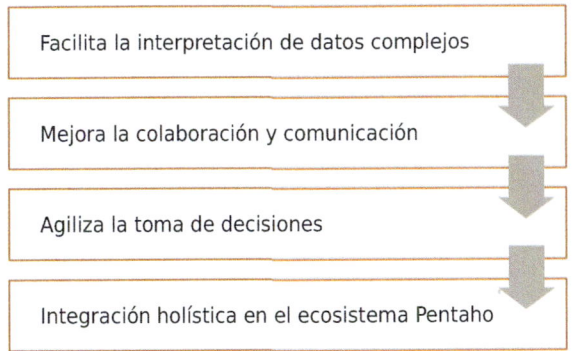

Facilita la interpretación de datos complejos

Mejora la colaboración y comunicación

Agiliza la toma de decisiones

Integración holística en el ecosistema Pentaho

Es importante la adaptación continua en un entorno en constante evolución de BI y análisis de datos, enfatizando la necesidad de ajustarse a las tendencias tecnológicas y a los cambios en el mercado empresarial.

Para conseguir estar en esta línea o corriente de adaptación se sugieren las siguientes estrategias:

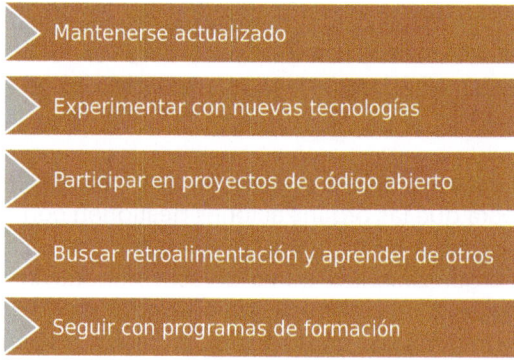

Mantenerse actualizado

Experimentar con nuevas tecnologías

Participar en proyectos de código abierto

Buscar retroalimentación y aprender de otros

Seguir con programas de formación

Ejercicios de autoevaluación
Unidad de Aprendizaje 1

1. Indica si las siguientes afirmaciones son verdaderas o falsas:

a. No es lo mismo *Business Intelligence* que la inteligencia de negocios o la inteligencia empresarial:

- ■ Verdadero
- ■ Falso

b. Al conjunto de procesos, tecnologías y herramientas que transforman datos brutos en información significativa, recibe el nombre de *Business Intelligence.*

- ■ Verdadero
- ■ Falso

c. La tecnología BI facilita a las empresas la toma de decisiones estratégicas.

- ■ Verdadero
- ■ Falso

2. ¿Quién popularizó el término *Business Intelligence?*

a. Steve Jobs
b. Bill Gates
c. Hans Peter Luhn
d. Larry Page

3. ¿Cuál es el objetivo principal de *Business Intelligence?*

a. Incrementar los costes operativos del negocio para ser más productivo.
b. Aumentar lentamente la eficiencia operativa de la empresa.
c. Convertir los datos en conocimiento.
d. Minimizar la identificación de oportunidades de mercado para no complicar procesos.

4. ¿Cuál es el propósito principal del *Business Intelligence* en el actual entorno empresarial?

    a. Simplificar la gestión de datos.
    b. Transformar datos en herramientas estratégicas.
    c. Aumentar la cantidad de información generada.
    d. Minimizar la toma de decisiones empresariales.

5. ¿Cuál es una de las ventajas principales de la inteligencia de negocios en el entorno empresarial actual?

    a. Mejorar la eficiencia operativa.
    b. Proporcionar información únicamente retrospectiva.
    c. Limitarse a datos históricos o aprender de conocimientos previos.
    d. Adaptarse con lentitud a las condiciones del mercado.

6. ¿Qué función desempeña una plataforma de datos en un sistema de gestión empresarial?

    a. Proporcionar herramientas básicas.
    b. Gestionar datos estructurados.
    c. Servir como columna vertebral para el sistema de gestión empresarial.
    d. Permitir la visualización de algunos datos a nivel de gerencia.

7. ¿Por qué es importante la capacidad de una plataforma de datos para abordar una amplia gama de tipos de datos?

    a. Para facilitar la toma de decisiones estratégicas y adaptarse al mercado.
    b. Para limitar el acceso a información estructurada.
    c. Para proporcionar solo datos en tiempo real.
    d. Para restringir la comprensión de la información.

8. ¿Cuál es el objetivo principal de Pentaho como *suite* de *Business Intelligence*?

    a. Facilitar únicamente la recopilación de datos.
    b. Ofrecer soluciones solo para organizaciones pequeñas.

    c. Cubrir el ciclo completo de gestión y análisis de datos.

    d. Crear presentaciones de datos de forma eficiente.

9. ¿Cuáles son las características principales de los conjuntos de datos en el contexto de *big data*?

    a. Grandes cantidades de datos, baja velocidad de generación y poca variedad.

    b. Alta velocidad de procesamiento, pequeñas cantidades de datos y baja variedad.

    c. Baja cantidad de datos, baja velocidad de procesamiento y poca variedad.

    d. Gran cantidad de datos, alta velocidad de generación o procesamiento y diversidad de tipos de datos.

10. ¿Cuál de las siguientes funcionalidades no proporciona Pentaho como parte de sus soluciones de *Business Intelligence*?

    a. Generación de informes

    b. Análisis multidimensionales (OLAP)

    c. Minería de datos *(Data Mining)*

    d. Gestión de identidades y accesos (IAM)

Glosario

Ad-hoc Reporting
Creación de informes de manera flexible y bajo demanda para abordar necesidades específicas de análisis.

Análisis predictivo
Método de análisis de datos que utiliza técnicas estadísticas y de modelado para predecir futuros resultados.

Big data
Conjunto de tecnologías capaces de almacenar, procesar y analizar datos extremadamente grandes y complejos que requieren técnicas especiales de procesamiento para extraer información significativa.

Ciclo de vida de los datos
Proceso que abarca desde la recopilación hasta el almacenamiento, procesamiento y análisis de datos.

Cubo OLAP
Estructura multidimensional que permite el análisis y la exploración de datos desde diferentes perspectivas.

Data mart
Subconjunto de un almacén de datos que se enfoca en un área específica de interés, como el área de ventas de una empresa o como el departamento de RR. HH.

Data mining
Proceso de descubrimiento de patrones y relaciones en grandes conjuntos de datos para identificar información relevante.

Data quality
Proceso de aseguramiento de la calidad de los datos para garantizar su precisión, integridad y consistencia.

Dimensiones

Categorías o aspectos sobre los cuales se analizan los datos en un cubo OLAP.

Drill-down

Técnica que permite explorar datos de manera jerárquica, pasando de un nivel general a uno más detallado.

Granularidad

Nivel de detalle de los datos en un conjunto de datos o informe.

Metadatos

Datos que describen características y propiedades de otros datos, como su origen, formato y significado.

Scorecard

Herramienta que proporciona una visualización gráfica del desempeño de una organización en relación con sus objetivos estratégicos y KPIs.

Segmentación de datos

División de conjuntos de datos en subconjuntos más pequeños para análisis específicos.

Serie temporal

Conjunto de datos ordenados secuencialmente en función del tiempo, utilizado para análisis de tendencias y patrones.

Visualización interactiva

Representación gráfica de datos que permite a los usuarios explorar y manipular la información de forma dinámica.

Bibliografía

→ LÓPEZ Benítez, Y.: *Business Intelligence*. Antequera: IC Editorial, 2019.

> Publicación que aborda las tecnologías que conforman la inteligencia de negocios.

→ RAMÍREZ Gil, C. M.: *Programación de Inteligencia Artificial. Curso práctico (Big Data, Data Science e Inteligencia Artificial)*. Madrid: RA-MA, 2023.

> El objetivo de este libro es hacer que la IA sea accesible y fácil de entender para personas con poca o ninguna experiencia en programación.

Textos electrónicos

→ DataPrix. Pentaho BI Suite, de: <https://www.dataprix.com/es/producto/tendencias-tecnologicas/pentaho-bi-suite>.

> Artículo web que explica aspectos clave de la herramienta de inteligencia de negocios Pentaho BI Suite.

→ Hitachi Vantara. Pentaho Community Edition, de: <https://www.hitachivantara.com/en-us/products/pentaho-platform/data-integration-analytics/pentaho-community-edition.html>.

> Sitio web que proporciona información sobre la edición comunitaria de Pentaho, una plataforma de inteligencia empresarial de código abierto. Presenta detalles sobre sus capacidades de integración de datos y análisis, así como enlaces para descargar la edición comunitaria y acceder a recursos adicionales.

→ LUHN, H. P. A Business Intelligence System. *IBM Journal of Research and Development*, 2(4), 314–319, de: <https://doi.org/10.1147/rd.24.0314>.

> Publicación en IBM Journal of Research and Development que versa sobre un sistema de inteligencia empresarial integral.

→ Semantix, de: <https://us.semantix.ai/>.

> Organización que ofrece soluciones de inteligencia artificial y procesamiento del lenguaje natural para mejorar la comprensión y el análisis de datos no estructurados. Su plataforma utiliza tecnologías avanzadas para extraer información significativa de textos, imágenes y otros tipos de datos, permitiendo a las empresas obtener insights valiosos para la toma de decisiones y la optimización de procesos.

→ Semantix. us.semantix.ai/solutions/products/semantix-data-platform, de: <https://media.licdn.com/dms/image/D5622AQG-8IuV2oZViA/feedshare-shrink_800/0/1705020906083?e=1709769600&v=beta&t=xtkA_a6NevOMRJVOE6EoXaOHllPTPZd5gKo9ihBQNjE>.

Recurso multimedia creado con la plataforma de datos de Semantix.

→ Stratebi. Tutorial para crear *dashboards* en Pentaho Open Source, de: <https://youtu.be/3GKvUasWYxE>.

Tutorial que enseña los pasos para aprender a crear y personalizar informes interactivos en Pentaho, con la ayuda de la herramienta STDashborad de LinceBI.com.